O cinema português
aproximações à sua história e indisciplinaridade

O cinema português
aproximações à sua história e indisciplinaridade

CAROLIN OVERHOFF FERREIRA

alameda

Copyright© 2014 Carolin Overhoff Ferreira

Grafia atualizada segundo o Acordo Ortográfico da Língua Portuguesa de 1990, que entrou em vigor no Brasil em 2009.

Publishers: Joana Monteleone/Haroldo Ceravolo Sereza/Roberto Cosso
Edição: Joana Monteleone
Editor assistente: Vitor Rodrigo Donofrio Arruda
Assistente acadêmica: Danuza Vallim
Projeto gráfico, capa e diagramação: Ana Lígia Martins
Revisão: João Paulo Putini
Assistente de produção: Felipe Lima Bernardino
Imagens da capa: Fotograma do grito em *Douro, faina fluvial* [p. 79]/ Fotograma de *48* (Susana de Sousa Dias, 2009) – primeira vítima [p. 215]

CIP-BRASIL. CATALOGAÇÃO NA PUBLICAÇÃO
SINDICATO NACIONAL DOS EDITORES DE LIVROS, RJ

F443c

Ferreira, Carolin Overhoff
O CINEMA PORTUGUÊS: APROXIMAÇÕES À SUA HISTÓRIA
E INDISCIPLINARIDADE
Carolin Overhoff Ferreira. - 1. ed.
São Paulo : Alameda, 2013
238 p. ; 21 cm

Inclui bibliografia
ISBN 978-85-7939-243-6

1. Cinema - Portugal - História. I. Título.

13-07546   CDD: 792.09469
                                CDU: 792.09469

ALAMEDA CASA EDITORIAL
Rua Conselheiro Ramalho, 694 – Bela Vista
CEP: 01325-000 – São Paulo, SP
Tel.: (11) 3012-2400
www.alamedaeditorial.com.br

In memoriam
Juan Enrique Rodríguez Mariño
(1958-2012)

Sumário

Figuras 9

Introdução 13

O "princípio esperança" no Novo Cinema português 23

Em favor do cinema indisciplinar: o caso português 61

Os descobrimentos do paradoxo: a expansão 99
europeia nos filmes de Manoel de Oliveira

Portugal, Europa e o mundo: condição humana 135
e geopolítica na filmografia de Manoel de Oliveira

O cinema português no final do milênio 165

Face a face com a ditadura: os filmes indisciplinares 201
de Susana de Sousa Dias

Referências bibliográficas 221

Agradecimentos 235

Figuras

Figura 1: Cartaz de *Dom Roberto* 36

Figura 2: Cartaz de *Acto da primavera* 38

Figura 3: Fotograma de *Os verdes anos* (Pedro Rocha, 1963) 41

Figura 4: Fotograma de *O trigo e o joio* (Manuel Guimarães, 1965) 43

Figura 5: Fotograma de *Domingo à tarde* (António de Macedo, 1965) 44

Figura 6: Fotograma de *O cerco* (António Cunha Telles, 1969) 46

Figura 7: Fotograma de *O recado* (Fonseca e Costa, 1971) 49

Figura 8: Cartaz de *Perdido por cem* (António-Pedro Vasconcelos, 1972) 50

Figura 9: Fotograma de *Benilde ou a virgem mãe* (Manoel de Oliveira, 1975) 52

Figura 10: Cartaz de *Brandos costumes* (Alberto Seixas Santos, 1973-75) 54

Figura 11: Fotograma de *Uma abelha na chuva* (Fernando Lopes, 1968-71) 55

Figura 12: Fotograma de *Douro, faina fluvial* (Manoel de Oliveira, 1931) – Ponte Dom Luís I 77

Figura 13: Fotograma de *Douro, faina fluvial* – a Ribeira 78

Figura 14: Fotograma do grito em *Douro, faina fluvial* 79

Figura 15: Fotograma de *Acto da primavera* 82
(Manoel de Oliveira, 1962)

Figura 16: Fotogramas de *Catembe* (Faria de Almeida, 1965) 84

Figura 17: Fotogramas de *Jaime* 87
(António Reis, 1974) – desenhos e textos

Figura 18: Fotograma da fotografia de Jaime no filme homónimo 88

Figura 19: Fotograma de *Jaime* – pátio 89

Figura 20: Fotograma de *Jaime* – homem e detalhes dele no pátio 90

Figura 21: Fotograma de *Jaime* – interior do hospital 91

Figura 22: Fotograma de *Jaime* – apontamento médico 92

Figura 23: Fotograma de *Jaime* – close de desenho 94

Figura 24: Fotograma de *Jaime* – interior da casa dele 95

Figura 25: Fotograma de *Jaime* – desenhos expostos 95

Figura 26: Fotograma de *Jaime* – janela no final 96

Figura 27: Capa de DVD de *Le soulier de satin* 107
(Manoel de Oliveira, 1986)

Figura 28: Fotograma de *Le soulier de satin* – os descobridores 110

Figura 29: Fotograma de *Non ou a vã glória de mandar* 112
(Manoel de Oliveira, 1995) – Ilha dos Amores

Figura 30: Fotograma de *Non ou a vã glória de mandar* – 113
Dom Sebastião

Figura 31: Fotograma de *Palavra e utopia* 118
(Manoel de Oliveira, 2000) – padre António Vieira

Figura 32: Fotograma de *Um filme falado* (Manoel de Oliveira, 2003) 120
– Estados Unidos e Europa à mesa

Figura 33: Fotograma de *Um filme falado* – o capitão 121

Figura 34: Fotograma de *O Quinto Império – ontem como hoje* 126
(Manoel de Oliveira, 2004) – Dom Sebastião e a corte

Figura 35: Fotograma de *Cristóvão Colombo* 129
(Manoel de Oliveira, 2007) – o jovem casal da Silva

Figura 36: Fotograma de *Cristóvão Colombo* – 130
o casal da Silva em Dighton Rock State Park

Figura 37: Fotograma de *Douro, faina fluvial* 139
(Manoel de Oliveira, 1931)

Figura 38: Fotograma de *Aniki-bóbó* (Manoel de Oliveira, 1942) 140

Figura 39: Fotograma de *Acto da primavera* 142
(Manoel de Oliveira, 1962)

Figura 40: Fotograma de *Francisca* (Manoel de Oliveira, 1981) 144

Figura 41: Fotograma de *Le soulier de satin* 146
(Manoel de Oliveira, 1985)

Figura 42: Fotograma de *O meu caso* (Manoel de Oliveira, 1986) 151

Figura 43: Cartaz de *O convento* (Manoel de Oliveira, 1995) 155

Figura 44: Cartaz de *Singularidades de uma rapariga loura* 158
(Manoel de Oliveira, 2009)

Figura 45: Fotograma de *Os mutantes* (Teresa Villaverde, 1998) 181

Figura 46: Fotograma de *Ossos* (Pedro Costa, 1997) 182

Figura 47: Fotograma de *Zona J* (Leonel Vieira, 1998) 183

Figura 48: Fotograma de *Corte de cabelo* (Joaquim Sapinho, 1995) 187

Figura 49: Fotograma de *Elas* (Luís Galvão Telles, 1997) 188

Figura 50: Cartaz de *As bodas de Deus* 191
(João César Monteiro, 1999)

Figura 51: *Fintar o destino* (Fernando Vendrell, 1998) 194

Figura 52: Fotograma de *Bocage* (Djalma Limongi Batista, 1997) 197

Figura 53: Fotograma de *Natureza morta* 205
(Susana de Sousa Dias, 2005)

Figura 54: Fotogramas de *Natureza morta* – presos políticos 207

Figura 55: Fotograma de *48* (Susana de Sousa Dias, 2009) – 215
primeira vítima

Introdução

O presente trabalho é dedicado ao cinema produzido em Portugal. Aborda três aspectos da filmografia desse pequeno país europeu e antigo colonizador do Brasil: a sua história, a sua indisciplinaridade e, ainda, boa parte da obra de seu cineasta mais produtivo e internacionalmente reconhecido, Manoel de Oliveira. Em termos de sua história, debruça-se sobre dois momentos significativos. Por um lado, sobre o cinema que surgiu no início dos anos 1960 e se estendeu até o final dos anos 1970: o Novo Cinema português, uma das ondas de inovação cinematográfica que se espalhavam nessa altura pelo mundo afora. Por outro, apresenta os anos 90 igualmente como ponto de viragem, resultado da consolidação da redemocratização desde a Revolução dos Cravos em 1974 e da adesão do país à Comunidade Europeia, em 1986. Nessa época, o cinema português começou a contar com uma maior estabilidade estrutural e financeira, ou seja, com mais dinheiro e com a proliferação de protocolos internacionais, o que resultou na transnacionalização de sua produção.

A indisciplinaridade é, por sua vez, um novo conceito, que procuro introduzir como alternativa ao filme-ensaio. Acho que há uma relação entre o meu interesse nesse conceito e meus estudos do cinema português nos últimos 12 anos, sendo que a sua reduzida filmografia (raramente mais do que 10 ou 12 filmes por ano) apresenta um número considerável de produções cinematográficas esteticamente originais e difíceis de classificar dentro dos gêneros de ficção e documentário. Manoel de Oliveira, objeto de estudo não só nos dois capítulos mais historiográficos e no capítulo que introduz e analisa filmes indisciplinares, é certamente o seu maior expoente nacional e, por isso, protagonista em outros dois capítulos.

Mas, antes de apresentar em maior detalhe o conteúdo de cada capítulo deste livro, gostaria de fazer uma breve revisão bibliográfica para demonstrar a pertinência do estudo do cinema português e, particularmente, dos estudos aqui realizados.

Sugeri anteriormente (FERREIRA, 2007) que os estudos sobre o cinema português têm sido, de uma forma geral, bastante escassos e, pelo menos até muito recentemente, quase sempre focados na descrição de sua história. Os livros mais conhecidos e referenciados seguem sendo as histórias de cinema dos três sucessivos diretores da Cinemateca Portuguesa: o livro de M. Félix Ribeiro (1983), dedicado aos anos 1896-1949; os livros de Luís de Pina, o primeiro intitulado *Panorama do cinema português* (1978) e o segundo, *História do cinema português* (1986); além das *História(s) do cinema português* de João Bénard da Costa (1991), que retrata(m) acontecimentos e filmes até os anos 1980. Além disso, há a *Breve história do cinema português*, que abrange os anos de 1896 até 1962, escrita por Henrique Alves Costa (1978), bem como o estudo de Eduardo Prado Coelho (1983), que procura dar continuidade ao trabalho do primeiro ao analisar, filme por filme, 20 anos de cinema português, de 1962 até 1982.

O cinema sonoro teve duas abordagens críticas sob o aspecto de sua ligação com o Estado Novo: primeiro, um livro sobre o imperialismo e o fascismo no cinema (em Hollywood e em Portugal), de Eduardo Geada (1977), e, já no novo milênio, um importante contributo de diversos historiadores, organizado por Luís Reis Torgal (2001). Diferentes autores foram ainda reunidos para um projeto de Nuno Figueiredo e Dinis Guarda (2004), no qual são abordados vários temas e momentos da história do cinema nacional para traçar um retrato cinematográfico do país. Da autoria de João Mário Grilo (2006), é o penúltimo estudo da história do cinema português sob o conceito da "não ilusão".

Na tradição enciclopédica de Ribeiro (1983), Pina (1986) e Costa (1991), Leonor Areal (2011) apresentou, em dois complexos volumes, a mais recente abordagem da filmografia portuguesa, que traz o subtítulo de "um país imaginado" e que resultou de sua tese de doutorado, orientada por Paulo Filipe Monteiro. O primeiro volume é consagrado ao cinema antes da Revolução dos Cravos, em 1974, e o segundo, ao cinema após o 25 de Abril. Abordando uma boa parte dos filmes realizados em Portugal, o livro organiza-se através de diferentes enfoques, que variam, para o cinema dos anos 1930 aos 1970, entre plano geral (sociedade e ideologia), panorâmica (movimentos) e grande plano (análise de filmes), e, para o cinema pós-1974, entre plano médio (vetores do cinema livre), *zoom* (Manoel de Oliveira e João César Monteiro), plano-sequência (a escola portuguesa) e enquadramento (teoria).

O "prontuário" e os livros de documentação de José de Matos Cruz (1989, 1998, 1999, entre outros), bem como os dicionários de Jorge Leitão Ramos (1989, 2005), seguem sobretudo o objetivo de catalogação e de informação, mas devem constar aqui como importantes livros de referência para a pesquisa sobre o cinema em questão.

Vale ressaltar a primeira obra brasileira sobre o cinema luso, publicada em 2010 com o título de *Aspectos do cinema português* e organizada pelo português Paulo Filipe Monteiro e pelos brasileiros Jorge Cruz, Leandro Mendonça e André Queiróz. O livro discute a obra de alguns cineastas emblemáticos (Manoel de Oliveira, Pedro Costa, João César Monteiro e João Canijo), bem como alguns filmes e temáticas específicos, como a relação entre o cinema brasileiro e o português.

O maior interesse acerca do cinema e do audiovisual português em nível acadêmico nos últimos anos resulta sem dúvida da afirmação dos estudos de cinema nesse meio, impulsionado através do crescimento do número de cursos na área. Em Portugal, multiplicaram-se desde os anos 1990 os cursos de graduação em ciências da comunicação, estudos artísticos e som e imagem, e o incremento de programas de pós-graduação gerou um aumento de pesquisas sobre o cinema nacional, sobretudo através de dissertações de mestrado e de teses de doutorado que se dedicam a temáticas mais específicas, como a adaptação literária, ou épocas e movimentos como o dos cineclubes, o cinema colonial, a representação da mulher ou o Novo Cinema. A criação de uma Associação de Investigadores da Imagem em Movimento (AIM), em 2010, foi outro passo importante para a consolidação em Portugal do estudo não só do cinema mas, particularmente, de seu cinema nacional.

A grande maioria dos livros referidos acima visa oferecer uma visão globalizante da história do cinema português, ou, no caso dos livros organizados, introduzir o leitor a seus maiores cineastas, às vertentes estéticas e às temáticas centrais. Em relação à história do cinema português, este livro estuda apenas dois momentos explícitos. Como já citei, são momentos considerados de viragem. Porém, mais importante do que classificá-los como tal é indagar certas ideias pré-estabelecidas acerca deles. No caso do Novo Cinema, procuro desmitificar alguns lugares comuns sobre esse momento singular ao discutir a separação entre utopia política e estética na qual eles se baseiam, e, no caso dos anos 1990, traço primeiro o contexto da política cultural (as alterações legais e infraestruturais), para depois levar em consideração estudos fílmicos realizados anteriormente (FERREIRA, 2004, 2005a, 2005b, 2007a, 2007b, 2007c, 2009, 2010a, 2012). Nos demais, procuro ou alterar o enfoque acerca de um tipo de filme que foge da classificação ou abordar conceitos que estão sendo discutidos nos estudos de cinema internacionais devido à sua pertinência no mundo atual: o pós-colonialismo, a transnacionalidade e a geopolítica, e o legado de regimes autoritários. A investigação dessas questões no cinema português através do estudo de filmes específicos percorre cada capítulo como pressuposto metodológico.

Apesar de ser uma figura ímpar no cinema mundial e de relevância ainda subestimada no contexto da história do cinema como um todo, Manoel de Oliveira também teve que esperar até que agregasse um maior interesse nacional e internacional. Por razões óbvias, Portugal tem sido o lugar onde mais estudos se produziram sobre a sua obra (ver VÉRTICE, 1964; FRANÇA et al, 1981; PINA, s/d; PITA, 1994; MATOS-CRUZ, 1996; CRUCHINHO, 2003). Há uma edição de um periódico nacional dedicado a ele (INSTITUTO CAMÕES, 2001) e uma fotobiografia (BUISEL, 2002). Em termos internacionais, França e Itália são os países onde o diretor é mais aclamado na Europa e onde, consequentemente, é possível encontrar o maior número de estudos (ver GRUPPO TOSCANO, 1978; DIANA, 2001, na Itália; e MUSÉE DU CINÉMA, 1984; BAECQUE; PARSI, 1996; PARSI, 2001; PARSI, 2002, na França). Em outros países, os trabalhos são mais esporádicos, mas encontramos também publicações no Brasil, na Alemanha e na Espanha (ver MACHADO, 2005; LARDEAU et al, 1988; FOLGAR et al, 2004; MAIER-SCHÖN, 2004). Contudo, alguns desses livros consistem principalmente em entrevistas, ensaios breves e filmografias comentadas.

Há um número considerável de publicações que resultaram de esforços de festivais de cinema ou da dedicação de cinematecas, seja em Portugal (FIGUEIRA DA FOZ INTERNATIONAL FILM FESTIVAL, 1980; CINEMATECA, PORTUGUESA 1981 e 1988; ENCONTROS INTERNACIONAIS DE CINEMA DOCUMENTAL, 1994), seja em outros países (MUSÉE DU CINÉMA, 1984; CINETECA ITALIANA, 1985; MUZEJ JUGOSLLEOVENSKE KONTEKE, 1985; FILMOTECA ANDALUCÍA, 1990; TORINO FILM FESTIVAL, 2000).

Deve ser considerado o fato de que a comemoração do centenário do diretor em 2008 possibilitou a edição de uma série de livros. No ano do aniversário comemorativo, a Cinemateca Portuguesa publicou *Manoel de Oliveira – cem anos*, organizado por António Preto. Na

França, saiu *La parole et le lieu – le cinéma selon Manoel de Oliveira* (A palavra e o lugar – o cinema segundo Manoel de Oliveira), uma monografia de Mathias Lavin. Após a publicação do primeiro estudo em inglês, nos Estados Unidos, em 2007, *Manoel de Oliveira*, por Randal Johnson, chegou a primeira publicação britânica às livrarias, *Dekalog – on Manoel de Oliveira* (organização: Carolin Overhoff Ferreira). Parece que as homenagens em festivais foram meramente o início de um maior e mais duradouro empenho acadêmico. Em 2010 chegaram quatro livros às livrarias: *Créer ensemble: La poétique de la collaboration dans le cinéma de Manoel de Oliveira* (Criar juntos: A poética da colaboração no cinema de Manoel de Oliveira), do brasileiro Pedro Maciel Guimarães, na França; *Manoel de Oliveira und das groteske Melodram* (Manoel de Oliveira e o melodrama grotesco), do alemão Thomas Brandlmeier, na Alemanha; *Manoel de Oliveira: uma presença – estudos de literatura e cinema*, organizado por Renata Junqueira, no Brasil, e *Olhares: Manoel de Oliveira*, organizado pela brasileira Michelle Salles e pelo português Paulo Cunha. A *Revista do Centro de Estudos Portugueses* da Universidade Federal de Minas Gerais editou ainda um dossiê, organizado por Silvana Pessoa de Oliveira e Viviane Cunha. Além disso, encontra-se no prelo da Editora Unifesp um livro que organizei e que reúne estudos de pesquisadores brasileiros, portugueses e alemães sob o título *Manoel de Oliveira – novas perspectivas sobre a sua obra*. Levando em consideração que o cineasta produziu em 81 anos de carreira mais de 30 longas-metragens e 26 curtas ou médias-metragens nos mais diversos estilos e sobre as mais diversas temáticas, fica evidente que há ainda uma série de questões em aberto e inúmeras perguntas a serem colocadas.

Embora o primeiro capítulo deste livro, "O 'princípio esperança' no Novo Cinema português", seja dedicado ao Novo Cinema português, a obra de Manoel de Oliveira surge já nesse primeiro texto como presença incontornável. De fato, argumento que o segundo longa--metragem dele, *Acto da primavera*, deveria constar como um dos filmes inaugurais, se aceitarmos o Novo Cinema como subcapítulo da história do cinema português. No entanto, o meu objetivo nesse capítulo não diz respeito a uma revisão historiográfica em termos de periodização, mas decorre da avaliação do cinema dessa fase como ineficaz e pouco relevante culturalmente. A partir da análise das utopias humanas realizada por Ernst Bloch, discuto os diferentes filmes em termos temáticos e estéticos, tentando ultrapassar a construção da oposição binária entre eficiência política e inovação estética, responsável pela visão negativa do Novo Cinema. Chego à conclusão de que mais filmes do que geralmente se pensa exercitaram a esperança, seja como desejo e vislumbramento de um mundo mais democrático e de maior mobilidade social, seja como realização de uma revolução que era apenas possível em nível estético.

No segundo capítulo, "Em favor do cinema indisciplinar: o caso português", procuro dar uma passo maior em termos teóricos. Diversos filmes analisados no capítulo anterior são difíceis de rotular genericamente porque procuram não apenas refletir sobre a situação política e cultural de Portugal mas também apontar para os limites de ideias disciplinares acerca dela. Para defender o conceito de filme indisciplinar como alternativa para o conceito de filme--ensaio, apresento uma breve abordagem da definição deste último, desde a literatura até o cinema. Logo, sugiro que a indisciplinaridade, neologismo de Jacques Rancière, possibilita alterar o enfoque sobre os "filmes que pensam", apoiando-me ainda na definição do regime estético do mesmo autor. A partir dessa abordagem teórica, utilizo o filme indisciplinar como base para a análise de quatro filmes selecionados. Para demonstrar que se trata de um conceito trans-histórico, começo com o curta-metragem oliveiriano *Douro, faina fluvial* (1931), cujo estudo é seguido pela análise de três filmes normalmente associados ao Novo Cinema: *Acto da primavera* (1961), de Manoel de Oliveira, *Catembe* (1965), de Faria de Almeida e *Jaime* (1974), de António Reis. Apresento como conclusão que todos esses filmes procuram oferecer experiências em vez de saberes, sendo que essas experiências permitem aos espectadores vivenciar de forma cognitiva e sensível a heterogeneidade da vida.

Os próximos dois capítulos são inteiramente destinados à analise da obra de Manoel de Oliveira. "Os descobrimentos do paradoxo: a expansão europeia nos filmes de Manoel de Oliveira" debruça-se sobre os seis filmes que o diretor dedicou aos desejos de seu país e de outras nações europeias de adquirir territórios e poder sobre outros. Sugiro que, além da crítica a essa "vã glória de mandar" e da apresentação em sons e imagens dos muitos "nons" ouvidos ao longo da história, esses filmes não abrem mão de uma longa tradição cultural que procura realçar a singularidade de Portugal. Singularidade que consiste em sua vocação transnacional de unir os povos em nome de Cristo.

"Portugal, Europa e o mundo: condição humana e geopolítica na filmografia de Manoel de Oliveira", por sua vez, busca penetrar mais fundo na relação entre o modo de produção e a visão da condição humana na obra oliveiriana. Mapeia os reflexos que as mudanças na situação sociopolítica do país deixaram nos filmes por meio do método generalizante de seu diretor, isto é, a busca de encontrar no particular conclusões sobre os dilemas da *conditio humana*. Nesse capítulo desenvolvo, consequentemente, uma panorâmica da filmografia de Oliveira acerca de seu enfoque sobre os diferentes patamares: o regional, o nacional, o supranacional e o transnacional. Argumento que o cineasta descreve ao longo de sua obra um percurso que vai desde a incorporação de problemas regionais e nacionais – o autoritarismo antes e depois da ditadura salazarista na cidade do Porto –, à reflexão sobre o supranacional – a Comunidade Europeia e o imperialismo europeu – e o transnacional – o colonialismo e os "descobrimentos" –, até a problemática da globalização e da assim chamada "nova ordem" mundial. Reforço os resultados do capítulo anterior ao constatar que os filmes que lidam mais diretamente com a situação geopolítica são involuntariamente paradoxais e nacionalistas ao defenderem a vocação universalista de seu país de origem. No entanto, naqueles filmes, em que o cineasta explora as tensões entre a condição masculina e o mundo moderno ou entre este último e a herança judaico-cristã, o seu método universalista possibilita uma maior percepção e compreensão dos paradoxos humanos.

No quinto capítulo, "O cinema português no final do milênio", volto à história do cinema português, nomeadamente à sua história contemporânea, para demonstrar a diversificação da produção cinematográfica nacional nos anos 1990. Embora os estudos de cinema não tenham abdicado do debate acerca dos dois polos de produção – cinema de autor e cinema comercial –, comprovo que na prática ele se tornou obsoleto. A reestruturação dos órgãos oficiais de financiamento, bem como a criação de uma rede inter e transnacional de coprodução, fazem da última década do século passado uma das mais diversificadas e ricas da história do cinema português. Surgem talentos, temáticas e estéticas que reforçam tendências ou criam atalhos a partir do cinema das décadas anteriores. Através de análises fílmicas, porém, chego à conclusão de que, mesmo nesse novo capítulo, em que a possibilidade de diálogos prospera, há diversas constâncias e continuidades, sobretudo em relação aos monólogos acerca do legado do passado e à insistência em velhos mitos sobre lusofonia e lusotropicalismo, e sobre a excepcionalidade de Portugal.

O último capítulo, "Face a face com a ditadura: os filmes indisciplinares de Susana de Sousa Dias", permanece na contemporaneidade, mas regressa à questão do filme indisciplinar para analisar dois trabalhos dos anos 2000. *Natureza Morta*, de 2005, e *48*, de 2009, debatem, não obstante, uma temática do passado ainda pouco explorada no cinema nacional, o legado da ditadura salazarista. São filmes de difícil classificação, que se baseiam em material de arquivo ou *found footage*. Examino não somente a indisciplinaridade deles, mas procuro entender como lidam esteticamente com a mentalidade da não-inscrição, conceito postulado pelo filósofo português José Gil, que diz respeito à paralisação perante o medo da repressão do regime autoritário. Sugiro que ambos os filmes estão interessados em proporcionar experiências de inscrição, sendo que *Natureza Morta* o faz acompanhado por uma desconstrução das ficções salazaristas construídas em cinejornais, enquanto *48* dá destaque à experiência pré-intelectual e afetiva da intersubjetividade. Considero o logro de ambos os filmes considerável e concluo que a indisciplinaridade no cinema português está participando da tarefa de mudar a mentalidade da não-inscrição, lidando dessa forma ativamente com o passado recalcado.

Espero que o presente livro participe na criação de maiores conhecimentos acerca do cinema português e de suas características históricas e estéticas. Procuro nele alterar a perspectiva acerca de algumas questões que se tornaram lugar-comum, principalmente em relação ao Novo Cinema, mas também em relação à questão dos gêneros documentário e ficção. Tento participar do debate acerca da obra de Manoel de Oliveira e pisar novos territórios através da introdução do conceito de filme indisciplinar, que me parece válido para grande parte da obra dele, mas não só. Embora não se trate de uma especificidade do cinema português, estou convicta de que esse pequeno país na periferia da Europa e na semiperiferia do mundo, como diria Boaventura Sousa Santos (2001), por razões de ordem histórica e cultural, conseguiu utilizar o cinema como válvula de escape de uma irreverência política-estética quase sempre interditada oficialmente. Ou talvez tenha estado condenado a ela?

O "princípio esperança" no Novo Cinema português

Habitualmente, o 30 de maio de 1962, dia da estreia do filme *Dom Roberto*, produzido por meio da Cooperativa do Espectador e dirigido por Ernesto de Souza, é referido como data inaugural de um capítulo diferente do cinema português: o do Novo Cinema. No entanto, esse "outro" cinema já era desejado, esperado e ansiado pelo menos desde 1960, quando, na revista *Filme*, Luis de Pina, o editor-chefe, dedicou no número 20 um *dossiê* ao "Novo Cinema português". Nessa "certidão de óbito" do velho cinema, como João Bénard da Costa (1991, p. 115) apelida a publicação, Pina (*apud* COSTA, 1991, p. 115) apostava toda sua esperança nos jovens diretores vindouros:

> [...] vivendo nos últimos anos de uma desconsoladora mediania, [o cinema português] precisa de sangue novo. Os que ficaram para trás, alimentando-se das próprias limitações e criando o mito da impossibilidade de fazer cinema em Portugal, parece já nada terem para dizer. O futuro do cinema português está pois nas mãos das personalidades que reunimos nestas páginas.

O desejo de Pina, que será o primeiro diretor da Cinemateca Portuguesa, inaugurada em 1958, se cumpriu de fato, e muitos dos nomes por ele citados, como Fernando Lopes e José Fonseca e Costa, encontraram caminhos para realizar um cinema considerado moderno e de autor.¹ Vivenciar novas estéticas ou retornar para as da Vanguarda Histórica era um anseio compartilhado por muitos na época: cineastas, críticos ou cineclubistas que, desde os anos 1950, vinham apontando, como expõe Fausto Cruchinho (2001, p. 218), "a necessidade do surgimento de um novo cinema português ou do ressurgimento e da regeneração do cinema em Portugal".

Não escapava a ninguém a crise que vinha se arrastando desde o final dos anos 1940 e que culminara no famoso ano zero, em 1955, no qual não se produziu nenhum filme. A primeira "Lei de Protecção do Cinema Nacional" (lei nº 2027), aprovada em 1948, que levou à instauração do Fundo de Cinema, criado pelo órgão oficial do governo, o SNI (Secretariado Nacional da Informação), para o seu financiamento, teve um efeito contrário e, devido às exigências nacionalistas do regime autoritário do Estado Novo, acabou por paralisar totalmente a produção cinematográfica. Nesses anos, havia apenas tímidas tentativas de abandonar as matrizes dos gêneros clássicos do "velho cinema" – ou seja, as tradicionais comédias ou musicais à portuguesa, os melodramas e os filmes regionalistas – por meio de filmes de cariz neorrealista, associados, sobretudo, ao nome de Manuel Guimarães.

Como os cinemas de outras nações, que, a partir de meados dos anos 1950, contestaram cada vez mais um certo tipo de cinema considerado convencional e anacrônico, frequentemente chamado de *cinéma de papa*, o cinema português participou do desejo de refletir sobre o imaginário nacional e de renová-lo, por meio de um cinema entendido como sendo moderno. Menciono apenas os mais notórios: a *Nouvelle Vague*, na França, o Cinema Novo, no

---

1   No próximo capítulo, sobre o cinema indisciplinar, questiono a ideia de ruptura que o conceito de cinema moderno sugere. No contexto deste capítulo, contudo, que procura revisar algumas ideias acerca do Novo Cinema português que se tornaram lugares-comuns, não farei uma crítica nesse sentido. Cito, no entanto, comentários que demonstram que havia uma continuidade da busca iniciada pelo cinema da Vanguarda Histórica.

Brasil, o *Free British Cinema*, no Reino Unido, ou o *Neuer Deutscher Film*, na Alemanha. Desinteressados em contar histórias dentro dos padrões de gêneros estabelecidos, jovens diretores cinéfilos procuravam uma relação mais imediata com a realidade, demonstraram menos atenção aos encadeamentos racionais da história e mais preocupação com a *mise-en-scène*, elaborando assim uma estética aliada à política, bem como formas de produção alternativas.

Comparado com as outras nações mencionadas, a situação política e cultural portuguesa era muito particular, e o quadro, pouco promissor. Apesar da radicalização do discurso oposicionista ao Estado Novo durante os anos 1950, por meio do General Humberto Delgado, a oposição perdeu as eleições presidenciais de 1958, muito provavelmente por fraude. Após uma tentativa de revolta militar em 1959, Delgado, que pedira exílio no Brasil e tentara um golpe militar, em 1962, foi assassinado em 1965. Outra tentativa de golpe de Estado, chefiada pelo General Botelho Moniz, ministro da Defesa, fracassara em 1961. Assim, a Guerra Colonial, na África, não foi evitada e, devido à mobilização de um contingente enorme de soldados, não só cobrou muitas vidas, mas também afetou profundamente a nação entre 1961 e a Revolução dos Cravos, no 25 de Abril de 1974, data que encerraria o autoritarismo da ditadura e do seu império. Como consequência da situação econômica e política, a emigração para os países ricos da Europa se tornaria fenômeno de massa ao longo da década de 1960. Esse famoso "votar com os pés" por mais de um milhão de pessoas teve efeitos sociais e culturais igualmente marcantes.

Não admira saber que censura e autocensura eram frequentes. Como glosa José Cardoso Pires (1999, p. 163), ambas não datam apenas do início da ditadura, em 1926, mas tornaram-se uma realidade já desde os tempos do Santo Ofício:

> Portugal, com 420 anos de Censura em cinco séculos de imprensa, representa uma experiência cultural à

taxa de repressão de 84%. [...] Ao longo de gerações e gerações, através de monarquias e impérios; de inquisições, ditaduras: arrastando silêncios, arrastando exílios, uma lenta procissão de mártires desfilou por esse incalculável corpus de naufrágios que são os milhares de quilómetros de textos lançados às fogueiras e aos arquivos.

Sob essa perspectiva, a expectativa de Luis de Pina, compartilhada por cineastas, críticos e cineclubistas, ganha outros contornos. É preciso lembrar que estes últimos terão um papel importantíssimo no Novo Cinema, embora tenham sido proibido de se encontrar a partir de 1959. Paulo Filipe Monteiro (2000, p. 321) descreve a tentativa da ditadura de esmagar o movimento da seguinte forma:

> Em Agosto de 1955, realizou-se em Coimbra o primeiro encontro nacional dos cineclubes portugueses; nas suas conclusões, defendia-se a necessidade de uma legislação adequada que regulasse o "Estatuto do Cinema Não Comercial", uma maior facilidade na obtenção de cópias de filmes, a edição de documentos e revistas especializadas, e lançava-se a ideia da criação de uma Federação Portuguesa dos Cineclubes, agrupando uma vintena de cineclubes, que na época representavam uma enorme massa associativa. A resposta estatal não foi nada favorável. Em 1957, foi proibida a exibição livre do filme de formato reduzido. Em 1958, realizou-se, em Santarém, o último dos encontros nacionais dos cineclubes; o de 1959 foi proibido. O ataque movido pelo Estado Novo, ataque que se estendeu das barreiras à contratação de filmes à censura e à própria intervenção policial, veio cercear drasticamente o movimento dos cineclubes, cujo apogeu, registado nos anos quarenta e cinquenta, não pôde assim prolongar-se na década seguinte.

A postura dos intelectuais portugueses que ousaram pensar um novo cinema português demonstra, como sugeriu o filósofo alemão Ernst Bloch em seu *opus magnum Princípio Esperança* (escrito entre 1938 e 1947 e publicado quase na mesma altura do encontro de cineclubistas, entre 1954 e 1959), que a esperança é uma característica do ser humano que lhe permite superar e transcender o real. Procurando desenvolver uma perspectiva metafísica para a teoria marxista, que se restringira à mudança da condição institucional-econômica, a obra de Bloch assumiu uma forma enciclopédica para oferecer respostas complexas a perguntas tão simples quanto fundamentais como "Quem somos?", "De onde viemos?", "Aonde vamos?". Perguntas essas que o autor considera imprescindíveis, sobretudo após a Segunda Guerra Mundial e o Holocausto, e que abrem o livro junto com outra interrogação: "O que nos espera?" Ainda no primeiro parágrafo, Bloch apresenta uma resposta-síntese a suas inquietações: após uma fase em que se procurava aprender o medo, "esta arte de temer que era dominada de forma assustadora", ou seja, após a experiência das ditaduras totalitárias, tornou-se necessário "aprender a esperança", pois "o ato de esperar não resigna: ele é apaixonado pelo êxito em lugar do fracasso" (BLOCH, 2005-2006, p. 13).

Reaprender a capacidade de desejar, esperar e ansiar não significa, contudo, abandonar-se a projetos utópicos irreais. Antonio Rufino Vieira (s/d) ressalta que o livro blochiano procurava apontar a viabilidade dos projetos para o futuro:

> O Princípio Esperança é um desafio para a necessidade de uma recuperação do sentido positivo da utopia, passando desde as denúncias dos utopistas do Renascimento até a prática político-social dos socialistas utópicos [...]. Segundo a linha de reflexão de Bloch, a utopia não é algo fantasioso, simples produto da imaginação, mas possui uma base real, com funções abertas à reestruturação da sociedade, obrigando a militância do sujeito, engajado em mudanças

concretas, visando a nova sociedade. Assim, a utopia se torna viável à medida que possui o explícito desejo de ser realizada coletivamente.

Enquanto o projeto do Novo Cinema português poderia ser associado ao "princípio esperança" de Bloch, tanto dentro de seus contornos metafísicos como fora deles, os filmes desse cinema raramente são associados a uma visão otimista, no sentido de um olhar esperançoso que busca uma sociedade livre e democrática. De fato, havia pouca possibilidade de contato com as novas e as velhas vanguardas cinematográficas por parte do público e costuma dizer--se que os espectadores, além de não habituados a linguagens cinematográficas diferentes, não aderiram aos filmes do Novo Cinema porque lhes pareciam fatalistas, herméticos e elitistas.

Em sua análise das publicações da década de 1950, João Bénard da Costa (1991, p. 126) considera que a batalha contra o velho cinema foi ganha, mas que a batalha em favor de filmes novos foi perdida: "Até porque essa batalha contra tivera motivações políticas claras (atacar um cinema que já nada reflectia da realidade do País) e a batalha pró as não tinha, pois nenhum dos realizadores ou obras citados denunciava – ou podia denunciar, por óbvias razões censoriais – essa mesma realidade". O autor expressa, portanto, a opinião que se tornou lugar comum de que o Novo Cinema português era esteticamente inovador, mas politicamente comprometido pelo estigma da convivência com o Estado Novo. Paulo Filipe Monteiro (2000, p. 338) cita Costa extensamente e resume na mesma linha:

> Ou seja, assim como antes do 25 de Abril o poder político cedera o poder a esses cineastas, sabendo que, ao contrário dos cineclubistas ou dos neo-realistas, eles pouco mobilizariam o grande público, e, mesmo que o fizessem, essa mobilização não giraria em torno de temas políticos, assim mais tarde, quando se defende um modelo populista, de reencontro com o grande

público em torno do entretenimento, esses cineastas foram afastados.

Conclui-se que os filmes não acabaram convencendo ninguém e que lhes faltava convicção política: "Até porque qualquer destas obras – aparentemente 'formalistas' e aparentemente 'idealistas' – não era de molde a despertar fervores ideológicos e a esquerda tradicional desconfiou tanto delas como a direita. O vanguardismo estético não tinha qualquer contrapartida em vanguardismos ideológicos" (MONTEIRO, 2000, p. 338). O que seria vanguardismo ideológico? Aprender a esperar não poderia ser entendido nesse sentido? Gostaria de utilizar neste capítulo as ideias acerca do "princípio esperança" de Ernst Bloch como ponto de partida para perguntar se os filmes do assim chamado Novo Cinema português eram de fato marcados pelo aprendizado do medo, pelo contexto da repressão política e pela inovação estética sem "efeito". Ou podemos encontrar neles também a tentativa de aprender a esperança, no sentido de que a estética é também política? Em outras palavras, perguntarei se os filmes apresentam estéticas capazes de invocar um futuro melhor e, se isso acontece, como eles o fazem. Para contextualizar minha análise, realizarei uma breve discussão da periodização do Cinema Novo, procurando ampliá-la, para, em seguida, apresentar uma panorâmica das produções do cinema novo. Concentrar-me-ei nos filmes de ficção, seus protagonistas e seus possíveis horizontes de esperança.

Alguns aspectos históricos do Novo Cinema português

O Novo Cinema português é normalmente dividido em duas fases: a primeira abrange os filmes realizados pela produtora Produções Cunha Telles, entre 1963 e 66; e a segunda compreende os filmes produzidos pelo CPC (Centro Português de Cinema) entre

1971 e 75, subvencionados pela mais importante instituição cultural privada portuguesa, a Fundação Gulbenkian (ver PINA, 1986, p. 143).

A Produções Cunha Telles, criada pelo diretor homônimo, que investiu sua fortuna pessoal, produziu dez filmes com uma equipe de diretores e atores que discutiam em conjunto as concepções da produção e os roteiros. A produtora foi responsável por alguns dos filmes mais importantes do Novo Cinema, como *Os verdes anos* (1963), de Paulo Rocha, *Belarmino* (1964), de Fernando Lopes, *Domingo à tarde* (1965), de António de Macedo, *As ilhas encantadas*, de Carlos Villardebó (1965), e *Mudar de vida*, de Paulo Rocha (1966).

Os diretores desses filmes tinham realizado estágios ou estudos no estrangeiro, oferecidos ou pelo Fundo de Cinema ou pela Fundação Gulbenkian. Persuadido de que a aprendizagem fora de Portugal era nesse momento a estratégia certa para reanimar o cinema, o Fundo de Cinema investiu, até 1961, mais dinheiro em formação do que na realização de filmes. Esse fato é referido frequentemente como um dos paradoxos do Novo Cinema porque implicou o patrocínio da formação de jovens diretores por parte do Estado Novo. Os futuros cineastas foram estudar em escolas de cinema em Paris, Roma ou Londres, isto é, nos centros de inovação cinematográfica da época. Em Portugal, pela primeira vez, foi oferecida a oportunidade de fazer cinema por meio do Curso de Cinema, promovido em 1961 no Estúdio Universitário de Cinema Experimental da Mocidade Portuguesa, uma organização devota ao Estado Novo, que ofereceu 200 vagas.

Embora muitas das produções de Cunha Telles tivessem obtido também subsídios do Fundo de Cinema,[2] a produtora foi obrigada

---

2   Fausto Cruchinho (2000, p. 344) demonstra através de pesquisa em arquivo que "ao contrário do que diz a opinião generalizada, não são os 'maus' filmes e os 'maus' realizadores os únicos beneficiados pelo Fundo (vide anexo 3). Se exceptuarmos o período de Caetano de Carvalho (1969-1971) – em que os filmes aprovados contemplam os 'velhos' realizadores (Henrique de Campos e Constantino Esteves) a par com os 'novos' (Cunha Telles e António de Macedo) –, são sobretudo os realizadores do 'cinema novo' os mais contemplados".

a fechar por causa de falência, em 1966. Pouco familiarizado com estéticas experimentais ou anticonvencionais e desgostoso das temáticas sociais, o público português de fato não aderiu ao Novo Cinema. A única exceção foi *O cerco*, dirigido pelo próprio Cunha Telles, o maior sucesso de bilheteria do Novo Cinema, o que ocorreu apenas em 1969, quando a produtora já não existia.

Após a falência da Cunha Telles, os cineclubes vieram socorrer a situação. Em 1967, organizaram a Semana de Estudos sobre o Novo Cinema Português, no Porto, subsidiada pela Fundação Gulbenkian, que, apesar das bolsas para estudar no exterior, antes nunca apoiara diretamente a produção cinematográfica. Durante a Semana, foi elaborado um documento, *O ofício de cinema em Portugal*, que foi apresentado depois à poderosa instituição com o objetivo de constituir, com o apoio dela, uma sociedade cooperativa de novos cineastas, o Centro Português de Cinema. A Fundação aceitou apoiá-lo durante um período experimental de três anos e assinou em 1968 essa decisão – ano em que o ditador António de Oliveira Salazar saiu do poder, após 35 anos, e a "Primavera Marcelista" deu início a uma tímida abertura cultural. Incentivado por 19 diretores, ligados, majoritariamente, ao Novo Cinema, o centro tinha autonomia plena: em relação à seleção dos projetos de seus associados, acerca da execução artística e mesmo com respeito à exploração comercial dos filmes, dado que a Gulbenkian recebia apenas uma cópia dos trabalhos realizados para uso interno em suas iniciativas culturais.

Os primeiros quatro filmes selecionados foram: *O passado e o presente* (1971), de Manoel de Oliveira, *Pedro só* (1971), de Alfredo Tropa, *O recado* (1971), de Fonseca e Costa, e *Perdido por cem* (1972), de António-Pedro Vasconcelos, além de dois curtas-metragens, um de Paulo Rocha e um de João César Monteiro. Todos os filmes do CPC, embora realizados com orçamentos pequenos, não renderam na bilheteria nem metade dos custos e obtiveram menos de 40 mil espectadores (PINA, 1986). No entanto, houve reconhecimento crítico, tanto no estrangeiro, na Semana de Nice, quanto na imprensa nacional, por meio de referências positivas.

Além da Produções Cunha Telles e do CPC, quase todos os estudiosos que se debruçam sobre o início do Novo Cinema lembram três curtas-metragens, realizados por Fernando Lopes, Baptista Rosa e Herlander Peyroteo, em 1961, e subsidiados pelo Fundo de Cinema, como indicadores de um novo tipo de fazer cinema – nesse caso, um novo tipo de documentário. Na historiografia do cinema português, há, no entanto, indefinição tanto em relação à determinação do início do Novo Cinema quanto ao seu encerramento. Apesar da ruptura que a Revolução do 25 de Abril, em 1974, certamente representou, filmes proibidos durante a ditadura estrearam nos anos a seguir, e o último filme do CPC só foi realizado em 1978.

Levando em consideração a vulnerabilidade desse tipo de periodização, ao longo de aproximadamente 17 anos (1961-1978) foram realizados filmes marcados pelo contexto sócio-histórico da ditadura e por uma procura estética e política específica. Essas duas características podem justificar o fato de que sejam considerados filmes do Novo Cinema. Ainda devem ser incluídas na filmografia já referida algumas iniciativas que não estavam ligadas à produtora de Cunha Telles ou ao CPC, mas que se distinguem igualmente em termos de temática, estética e modo de produção daquele cinema considerado como sendo o "velho cinema", que se mantinha ativo, mesmo de forma decadente (ver MATOS-CRUZ, 1989). Assim, podem ser contabilizados aproximadamente 46 filmes de longa-metragem, sendo 38 de ficção e apenas 8 documentários. Há ainda dois médias-metragens (um documentário e um filme de ficção) e seis curtas-metragens, os já mencionados documentários de 1961 e três curtas ficcionais do CPC, que fizeram parte da formulação de respostas ao autoritarismo.

Os filmes

Focando agora nos 30 longas-metragens de ficção realizados entre 1962 e 1978, gostaria de apontar algumas das preocupações mais marcantes. O panorama que traçarei não pretende ser nem completo nem definitivo, mas apresenta uma tentativa de sistematização e comparação dos filmes do Novo Cinema português.

Não obstante a pluralidade de ideias e estilos, há uma inquietação que pode ser encontrada em quase todos os longas-metragens de ficção, e não admira que ela seja o conflito entre o velho e o novo ou a presença simultânea dos dois. Essa inquietação se traduz em diversas ordens e em locais variados, ora no meio urbano, ora no rural, com a particularidade de que o urbano se restringe exclusivamente a Lisboa, enquanto o rural abrange vilas de pescadores do norte ao sul de Portugal, bem como aldeias, de Trás-os-Montes até o Alentejo. O meio urbano é pano de fundo em 14 produções, e a vida rural aparece em 12 filmes. Apenas dois se deslocam às "províncias ultramarinas", ou seja, às colônias da época: um para a Índia (Goa) e um para Moçambique.

Ainda que os locais sejam bem diferentes, os conflitos que sucedem no meio urbano e no meio rural possuem diversos aspectos em comum. Quando digo conflitos, não me refiro a duas forças antagônicas que se chocam abertamente. Muito pelo contrário, a maioria dos filmes é caracterizada pela ausência de um embate direto, ou o conflito, como na tragédia grega, afeta a ambas as partes envolvidas. As crises surgem quase sempre de forma indireta ou deslocada, através de protagonistas – em sua grande maioria, jovens – que estão sem rumo ou têm fortes dúvidas sobre o norte em suas vidas. Esses jovens encontram-se perante uma sociedade que percebem como fechada ou labiríntica, que os trata muitas vezes ou com desprezo ou com autoritarismo, e cujos valores e bens lhes parecem inacessíveis, estranhos ou ininteligíveis.

É possível apontar três tipos principais de crise ou conflito e que não são exclusivos, ou seja, encontram-se muitas vezes interligados: 1) conflitos entre os protagonistas e a sociedade burguesa devido a diversos fatores, entre eles o desnível social e o autoritarismo do Estado ou da família, que resulta de valores tradicionais de uma sociedade patriarcal ou do paternalismo da religião católica; 2) conflitos entre os gêneros devido ao desrespeito com a mulher (que dificultam a integração plena das mulheres na sociedade); e 3) conflitos gerados pela modernização seletiva do país, que, apesar de procurar sair do atraso, mantém a modernização restrita a poucos (talvez seja por isso que ela é quase sempre vista de forma negativa, como implementação de tecnologia fria e desumana, ou como consumismo impossível e esvaziado de valores).

Como vimos, utilizam-se os dois tipos expressivos de produção, o da Produções Cunha Telles e o do CPC, que acabaram dividindo o Novo Cinema em duas fases ao longo da sua manifestação. Como me parece que essa periodização não deveria ser considerada a última palavra em relação ao Novo Cinema português, adotarei aqui uma abordagem ligeiramente diferente. Primeiro, discutirei os anos 1961-66 através dos primeiros três filmes de longa-metragem (com financiamentos distintos, tanto do Fundo de Cinema quanto de uma cooperativa), incluindo *Acto da primavera*, de Manoel de Oliveira (1962), e por meio de algumas produções expressivas da Produções Cunha Telles. Depois, focarei apenas nos anos 1967-76, abordando filmes do Centro Português de Cinema, subvencionados pela Fundação Gulbenkian, mas contemplando também filmes censurados que obtiveram outras formas de apoio financeiro. Essa apresentação não procura apontar algum tipo de evolução ou de maturação. Facilita apenas perceber um delineamento de certas tendências que se tornaram cada vez mais marcantes enquanto o Novo Cinema se aproximava do 25 de Abril, e que, quiçá, possam ser vistas como reflexo da crescente insatisfação com a ditadura, como resultado da rejeição da Guerra Colonial (1961-1974) e como consequência da repressão política. Para tal, voltarei agora também à minha questão inicial sobre o horizonte de esperança no sentido blochiano.

1961-1966

Começo com os três longas que inauguraram o Novo Cinema. As duas primeiras produções, ambas de 1962, foram, na verdade, realizadas fora do âmbito da Cunha Telles: a já mencionada produção coletiva, *Dom Roberto*, de José Ernesto de Sousa, e uma das produções mais polêmicas da história do cinema português, *Acto da primavera*, subsidiada pelo Fundo de Cinema e realizada por uma figura com um filmografia pequena, mas já com status de mito, Manoel de Oliveira. O terceiro filme é *Os verdes anos*, de Paulo Rocha, de 1963, planejado de forma independente, mas que acabou sendo integrado ao grupo de Cunha Telles. Esses três filmes possuem propostas bem diferentes: *Dom Roberto* e *Acto da primavera* são marcados por uma perspectiva otimista e confiante, de forma convencional no primeiro e por meio de uma estética experimental no segundo, enquanto *Os verdes anos* enfrenta o espectador com uma situação de empate que resulta num ato de violência cuja força transformadora não é imediata, pelo menos quando se ignora o seu potencial estético.

Dom Roberto

Anunciado como "cinema novo" e "filme novo", *Dom Roberto*, a despeito das circunstâncias de produção coletiva, decepcionou. Foi acusado por muitos[3] de não ter cumprido sua promessa de ir além da proposta neorrealista de Manuel Guimarães. O filme conta a história de um fantocheiro miserável que oferece o seu último dinheiro a uma jovem mulher que encontra à beira do suicídio. Sem meios para se sustentar, começa a morar numa casa abandonada, onde inventa um lar para os dois, até o espaço ser destruído para dar lugar à modernização, ou seja, um prédio moderno.

---

3 Essa opinião é unânime e pode ser encontrada em Pina (1986), Costa (1991) e Monteiro (2000), para citar os estudiosos mais conhecidos.

Figura 1: Cartaz de *Dom Roberto*

O filme mostra como o protagonista marginalizado consegue projetar para ele e para a amada um horizonte de esperança, um oásis de ternura num mundo pouco acolhedor. Peca pela falta de realismo, no sentido de que não oferece detalhes que possam tornar a situação desses desfavorecidos crível, mas encanta através da inventividade, da humanidade e da imaginação de seus personagens. A força de vontade deles, presente também no modo de produção do filme, faz esquecer a simplicidade da *mise-en-scène* e as falhas do roteiro. O que permanece após o visionamento é aquilo que Eduardo Prado Coelho (1983, p. 16) chamou de "o humanismo da imaginação", uma lição que Sousa herdou do neorrealismo e que possui um potencial político, pois implica que "o homem imagina, e portanto existe, e portanto é capaz de se revoltar". Mais conhecido pelos estudos da literatura, o livro esgotado há muito de Prado Coelho aponta para uma leitura diferente da habitual de um filme de que se esperou muito sem que fosse percebido que era ele expressão de esperança.

Acto da primavera

Acto da primavera (1961-62), de Manoel de Oliveira, é sempre mencionado no contexto do Novo Cinema, porém, devido ao debate acerca do seu gênero (se é ou não um documentário), nunca foi visto como filme inaugural. No próximo capítulo, tentarei encerrar esse debate ao considerá-lo indisciplinar. Dessa forma, não quero apresentá-lo como ruptura, mas como continuação de uma busca anterior. No entanto, quando se fala sobre Novo Cinema, ele deve constar como um dos filmes mais importantes. Henrique Alves Costa (1978, p. 42) reconheceu desde cedo a dimensão estético-política do filme. Dentro de uma lógica historiográfica, aponta-o como primeiro filme político português "em que Manoel de Oliveira ousava dizer, por subtis linhas travessas, o que ninguém, entre nós, ousara dizer por linhas tortas ou direitas".

Acto da primavera reinterpreta a representação de um auto medieval, *A Paixão de Cristo* de Francisco Vaz de Guimarães, realizado anualmente por amadores em Chaves, Trás-os-Montes, no interior de Portugal. Reflete sobre a condição humana contemporânea e a representação do sagrado por meio da relação entre a apresentação teatral e sua representação cinematográfica.

Figura 2: Cartaz de *Acto da primavera*

Jacques Parsi (2001, p. 377-378) resume a problemática do sagrado no filme da seguinte forma:

Em *Acto da Primavera* nunca é a Paixão que vemos, mas sim uma representação da Paixão. Tudo, o canto, o cenário, as pessoas, as barbas e os bigodes, toscamente postos ou usados (que não existem em Pasolini [*O Evangelho segundo Mateus*], e esta diferença é importante), o resvalar da representação no prólogo, tudo isto nos impede de qualquer identificação. Vemos a imagem de uma realidade: a de um Auto numa aldeia portuguesa que mostra a Paixão em Jerusalém e no Calvário. Por detrás dos postiços, dos cenários, da máscara, em suma, tal como por detrás da iconóstase das igrejas ortodoxas, há algo mais, algo de inexplicável ou de transcendente.

Subvencionado pelo Fundo de Cinema, foi o retorno de Oliveira à produção no formato de longa-metragem (depois dos importantes curtas-metragens indisciplinares *O pintor e a cidade*, de 1956, e *O pão*, de 1959), do qual tinha ficado afastado durante 21 anos por falta de apoios financeiros. Devido à temática religiosa, muitos críticos acusaram Oliveira de conservadorismo católico (ver COSTA, 1991). Entretanto, é de fato uma obra-prima que introduz na cinematografia portuguesa a investigação da ligação entre estética e política, mormente através de conflitos bélicos do século passado, estabelecendo assim uma associação entre esses conflitos e a Guerra Colonial, na África, que tinha acabado de começar. Provavelmente por motivos de censura e autocensura, essa ligação nunca foi pronunciada na crítica.

A incidência de modernidade e tradição, de sacrilégio e sagrado fecha o filme. Após imagens do sepulcro de Cristo, Oliveira mostra, em vez da ressurreição, uma colagem de imagens dos horrores das guerras do século passado, decorrentes da tecnologia militar, sendo a primeira imagem a queda da bomba atômica. Ao longo da colagem, imagens da figura de Cristo são intercaladas com o sofrimento de vítimas de guerras contemporâneas na Indochina. O que mais me interessa aqui é o fato de que, apesar das atrocidades, Oliveira apresenta no último plano, que mostra uma árvore primaveril em flor, o "princípio esperança" para toda a humanidade em simbologia indubitavelmente cristã. Na perspectiva do cineasta, essa esperança está preservada não só no texto do auto mas sobretudo no povo português do interior. Lembrar a capacidade de esperar, a possibilidade de realização da esperança pelo coletivo, é o verdadeiro tesouro que se encontra escondido no Portugal profundo e na representação do auto. Sua revelação acaba sendo o papel do cineasta contemporâneo.

Os verdes anos

Filme recebido como ruptura definitiva com o cinema do passado, Os verdes anos (1963)[4] teve o seu financiamento recusado pelo Fundo de Cinema e, dessa forma, acabou sendo o primeiro longa-metragem da produtora Cunha Telles. Premiado com a Vela de prata no Festival de Locarno, em 1964, narra a história do amor frustrado de dois jovens vindos do interior. De fato, na direção de Paulo Rocha, o meio rural sofre uma reinterpretação que mostra o outro lado da esperança oliveiriana.

Quando Júlio, que tenta sua sorte em Lisboa como sapateiro, conhece Ilda, uma jovem empregada doméstica, ela recusa o seu pedido de casamento. Júlio, incapaz de lidar com a rejeição, por se sentir desamparado na cidade moderna, reage de forma radical e surpreendente, assassinando-a. Esse ato de Júlio não surge de um conflito geracional ou de uma oposição ao velho ou à sociedade que o explora, como poderiam indicar tanto sua relação com o tio com quem mora quanto a relação com o seu patrão, um sapateiro que o acusa de ser preguiçoso, apesar de fazê-lo trabalhar aos domingos. Resulta, sobretudo, das contradições geridas pelo novo, ou seja, pela inacessibilidade aos bens de consumo do mundo moderno, que nunca poderiam ser adquiridos com o pequeno rendimento de classe social baixa do jovem.

4 Ver, para uma análise mais aprofundada, Carolin Overhoff Ferreira (2007).

Figura 3: Fotograma de *Os verdes anos* (Pedro Rocha, 1963)

Ilda é uma personagem ambígua nesse contexto: sonha com a ascensão de classe e com uma vida melhor. A reflexão sobre a modernidade em *Os verdes anos* é acima de tudo a expressão da consciência das contradições que ela torna ainda mais visíveis. Deriva, por um lado, das diferenças de classe profundamente enraizadas na sociedade portuguesa e, por outro, dos valores conservadores e pequeno-burgueses de todos os personagens masculinos – também daqueles que vêm da província, inclusive Júlio.

As afinidades com a *Nouvelle Vague* francesa, no sentido da importância da *mise-en-scène*, são óbvias: muitas vezes os espaços onde os personagens deambulam são fechados pela arquitetura moderna; e as delimitações dos pequenos espaços aos quais os trabalhadores são restringidos – por exemplo, a cozinha de Ilda e a pequena oficina de sapataria, da qual se avista a rua por uma janela muito baixa – são realçadas através do enquadramento. O final do filme é certamente a parte mais ousada, principalmente através da montagem que desorienta o espectador por meio de *jump cuts*.

Após matar Ilda, Júlio entra num café e olha para os fregueses como se quisesse desafiá-los, e eles retornam o olhar algo atônitos. Não existe só um culpado nesse confronto de olhares. Para acentuar essa ideia, Júlio primeiro esfrega sua mão cheia de sangue num garçom e depois corre para a rua, onde é cercado por diversos carros. Planos de detalhes dos carros, planos filmados de dentro deles e planos *plongée* que se afastam cada vez mais são montados num ritmo agitado e sem respeitar as regras da montagem contínua, mostrando como Júlio é alambrado pela modernidade. A esperança parece ausente nesse filme sobre o isolamento e o desamparo dos personagens. Poder-se-ia dizer, porém, que ela se manifesta na estética que questiona o consenso sobre a hegemonia da sociedade classista e opressiva portuguesa, que coloca seus jovens em situações sem saída.

Produções Cunha Telles

É possível verificar nas produções dos anos seguintes a mesma multiplicidade de perspectivas e estilos dos primeiros três filmes do Cinema Novo: há dois trabalhos próximos do neorrealismo – *O crime da aldeia Velha*, de 1964, e *O trigo e o joio*, de 1965, ambos de Manuel Guimarães, sendo o primeiro uma produção Cunha Telles – e três filmes que procuram uma estética própria – *Domingo à tarde*, de António de Macedo, *As ilhas encantadas*, de Carlos Villardebó, ambos de 1965, e *Mudar de vida*, de 1966, segundo longa de Paulo Rocha; todos são produções Cunha Telles. Para refletir sobre os valores das comunidades sobre as quais se debruçam, seja de pescadores, seja de médicos, seja de aldeões, a dimensão metafísica torna-se uma preocupação importante em boa parte desses filmes. A ausência ou o excesso de religiosidade é ponto de partida para repensar a falta de valores humanistas ou indício do impedimento da concretização de vidas conduzidas pela vontade própria. Nesses cinco filmes, dois protagonistas vivem transformações que indicam que as esperanças de um mundo melhor – atingido ora pela solidariedade, ora pela emigração – podem se tornar realidade.

Nos dois filmes de Manuel Guimarães, encontramos duas visões quase opostas sobre a vida rural. O crime da aldeia Velha se baseia num caso verídico do século XIX e conta a história de uma mulher bonita, hostilizada pela comunidade retrógrada da aldeia Velha porque sua beleza é considerada demoníaca. No desfecho, é queimada na fogueira, num ato obviamente infame e cruel.

Figura 4: Fotograma de O trigo e o joio (Manuel Guimarães, 1965)

Os personagens de O trigo e o joio, por outro lado, abandonam certas superstições e transformam suas vidas miseráveis no Alentejo, substituindo velhas crenças por perspectivas mais concretas: o trabalho coletivo e a solidariedade. Embora as difíceis condições de vida sejam retratadas sem romantismos, há espaço para esperança no final. A narrativa gira em torno da compra de uma burra, que deve ser adquirida para ajudar no trabalho árduo de cultivar a terra. Quando é finalmente comprada, depois de muitos percalços e por um preço baixo, descobre-se que tem lepra. Para assegurar a saúde da filha, a esposa do camponês Loas decide matar a burra, contra a vontade do marido. Este último só se conforma quando o amigo Barbaças, um preguiçoso que vive à custa deles e que perdera por ingenuidade o dinheiro para comprar a burra no início, toma finalmente uma atitude e demonstra ao amigo que o caminho a seguir é o da força de vontade: ele pega no arado e começa a fazer o trabalho destinado ao animal.

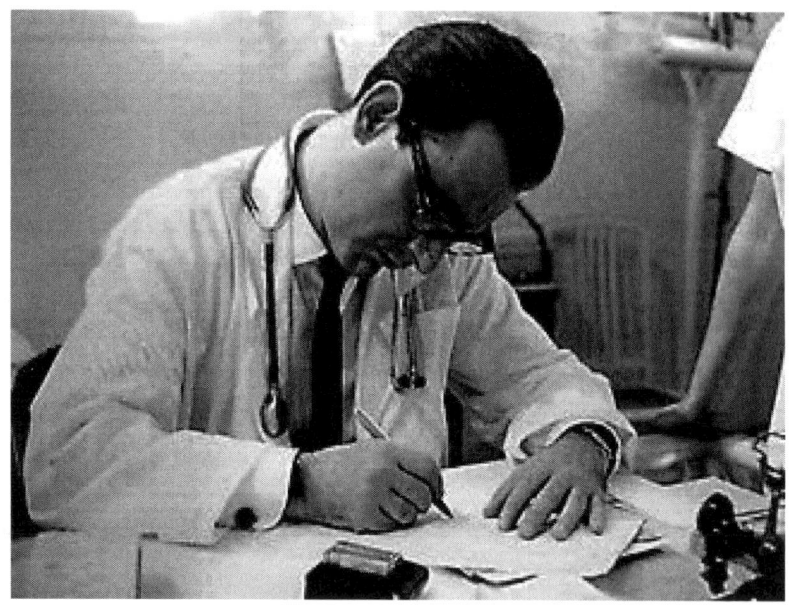

Figura 5: Fotograma de *Domingo à tarde* (António de Macedo, 1965)

Domingo à tarde, por sua vez, regressa ao meio urbano, onde o seu protagonista, um médico cético que trabalha no Instituto de Oncologia de um hospital lisboeta, é confrontado com a resignação e com a falta de humanismo perante a inevitável morte de seus pacientes. Quando se apaixona por uma delas, a consciência da vida e dos limites da ciência e a dimensão metafísica entram novamente no mundo asséptico e desumano da rotina hospitalar, onde a tecnologia dominara os relacionamentos humanos. O filme constrói, através de planos plásticos e às vezes abstratos, um olhar diferente, que serve como aliado na recuperação da sensibilidade perdida do protagonista, visando recuperar também a do espectador.

Dos filmes da Produções Cunha Telles, apenas *O trigo e o joio* e *Mudar de vida* demonstram um compromisso mais imediato com os problemas reais e políticos do país. Mas no ponto em que Manuel Guimarães aceita o paternalismo dos donos da terra e é complacente com malandros e corruptos, Paulo Rocha tem a ousadia de utilizar um personagem que regressa da Guerra Colonial, o pescador Adelino, para nos mostrar um mundo em plena transformação que exige mudanças, seja na escolha da parceira, seja em relação ao rumo da sociedade. O protagonista acaba "votando com os pés" e opta por um futuro na emigração, libertando-se assim de um país cuja modernização não o contempla – caminho esse que Júlio em *Os verdes anos* não conseguia imaginar, mas que lhe era sugerido por Ilda.

1967-1976

Paradoxalmente, apesar da "primavera marcelista" e de suas tímidas mudanças políticas, e no contexto de novas possibilidades de produção conquistadas pelos cineastas através do CPC, a esperança de uma reestruturação justa da sociedade portuguesa parece diminuir nas produções financiadas pela Fundação Gulbenkian – e não só, embora o crescente pessimismo muitas vezes seja expresso de forma ambígua. Em *O cerco* (1969), de António Cunha Telles, esse fato pode ser notado claramente através da personagem principal feminina, que evidencia a emancipação da mulher do seu papel secundário, mesmo que isso significasse sacrifícios. Mas o filme também deixa claro que, do ponto de vista da sociedade, ela permanece um objeto sem grandes possibilidades efetivas de reinterpretar o seu papel de maneira concreta.

Figura 6: Fotograma de *O cerco* (António Cunha Telles, 1969)

A relação entre os mecanismos opressivos da sociedade patriarcal e o autoritarismo da ditadura surgem com maior nitidez. A centralidade de personagens femininas é o reflexo mais óbvio desse interesse. Referências mais explícitas à realidade política do país e a acontecimentos históricos podem ser notadas. A Guerra Colonial, citada uma única vez nos filmes analisados acima, é abordada com maior frequência, mesmo que seja apenas três vezes. Apesar disso, há somente um filme que invoca a repressão política do Estado Novo de forma reconhecível em sua trama: *O recado*, de Fonseca e Costa, de 1971, em que agentes da Pide (Polícia Internacional e de Defesa do Estado) matam um jovem oposicionista no final.

O mal-estar generalizado e a falta de perspectiva dos jovens numa sociedade prepotente e corrupta manifestam-se até o 25 de Abril, nomeadamente em filmes situados no meio urbano: nos já mencionados *O cerco* e *O recado*, mas também em *Perdido por cem*, de António-Pedro Vasconcelos, de 1972, em *Sofia e a educação sexual*, de Eduardo Geada, e em *Cartas na mesa*, de Rogério Ceitil, ambos de 1973, e ainda em *Meus amigos*, de António Cunha Telles, e no filme *O mal amado*, de Fernando Mato Silva, ambos de 1974 – em grande maioria, produções sob a chancela do CPC. O deambular dos personagens pela cidade de Lisboa ou, no caso da *Educação sexual*, por Sintra, inaugurado em *Os verdes anos*, torna-se uma constante nesses filmes. As andanças sem rumo ou objetivo concreto, apenas motivadas por desejos vagos de rebeldia e de mudança, ou por insatisfação, são capturadas com agilidade, ou seja, com câmeras na mão e em narrativas elípticas e autorreflexivas.

Salve-se quem puder

O "princípio esperança" parece ausente ou suspenso nesses filmes, como se estivesse hibernando até que os tempos melhorassem. Sobrevive apenas como salvação individual que fecha os olhos à realidade sociopolítica. Como nos primeiros filmes do Novo Cinema, assistimos a diversas mortes de protagonistas e personagens secundárias, mas o número aumenta significativamente. Contudo, os desfechos não são apenas de desesperança: quase sempre ficam abertos ou são ambíguos.

Há vários exemplos emblemáticos disso. A protagonista de *O cerco*, Marta, não consegue libertar-se dos diversos assédios. Parece ser dona do próprio nariz, pois se separa do marido de quem se cansou e consegue manter-se como modelo e "aeromoça de terra". Jovem e bonita (sua fotogenia é explorada constantemente pela câmera), acaba sofrendo de uma forma ou de outra nas mãos dos homens com quem convive: do patrão na agência de publicidade, que lhe dá trabalho como modelo; do namorado estrangeiro, que é casado. Tem ainda um caso com um contrabandista ao qual recorre para melhorar a sua situação. Quando ele morre, sente-se culpada. Mesmo assim, segue sempre em frente, embora fique evidente que está infeliz e que o preço pago pela sobrevivência como mulher "independente" é alto.[5] A protagonista de *O recado*, Lúcia, enfrenta dificuldades e incertezas parecidas, a despeito da sua situação econômica aparentemente mais privilegiada. O seu amante, Francisco, regressa de uma longa estadia no exterior, mas se desencontram após ela ter recebido o recado dele. Na verdade, ele é morto, insinua-se, por questões políticas. Após esse desencontro, que lhe oferecera a expectativa de voltar ao seu passado politizado e de rebeldia, decide enterrar suas ilusões e opta por uma vida confortável na alta sociedade, à qual sempre pertenceu. Mas essa opção desiludida é encenada como uma automutilação no desfecho.

O recado, possui, de fato, dois finais. O primeiro mostra o fechamento do ciclo "politizado" da protagonista, pois ela destrói e queima tudo o que expressava a sua resistência à burguesia. Não obstante, esse gesto demonstra que a velha rebeldia não acabou. No segundo final que se segue, o amigo filósofo do seu ex-namorado oposicionista, que traz o nome simbólico de Maldevivre e habita numa praia de pescadores, compartilha o seu pão com um velho. No início do filme, o velho fizera um discurso, afirmando que tudo estava bem para quem tinha saúde. O companheirismo entre o

---

5   O filme teve uma repercussão grande, em nível tanto nacional quanto internacional. Paulo Filipe Monteiro explica (2000, p. 324): "O filme chamou-se *O Cerco* e com ele voltou Portugal aos certames internacionais (Quinzena de Realizadores de Cannes). Cunha Telles conseguiu fazer o primeiro filme do cinema novo a pagar os custos da produção com as respectivas receitas de exibição, no mercado interno e estrangeiro, e mesmo a dar lucros de 50%. Mas, paradoxalmente, depois deste sucesso, e depois de *Sever do Vouga... uma Experiência* (média-metragem de Paulo Rocha para a Shell Portuguesa, de 1970), Cunha Telles nada produz durante treze anos – apenas entra na produção, em 1973, em conjunto com o CPC e a Tobis, do seu próprio filme *Meus Amigos*; só regressará como produtor em 1983. 'O sinal [dado por *O Cerco*] não passou despercebido para o poder. Este, que até aí ignorava escandalosamente as obras do cinema novo, deu-lhe os grandes prémios da S.E.I.T.: melhor filme, melhor actriz, melhor fotografia (Acácio de Almeida). Também nas curtas metragens foram dois novos premiados: António de Macedo e Faria de Almeida'".

intelectual e o representante do povo aponta para a existência de um mundo paralelo à burguesia. Um mundo simples, verdadeiro e o único que inspira a esperança de que essa aliança poderia mudar a sociedade algum dia, pois a burguesia é ou perseguida quando luta ou perdeu o interesse.

Figura 7: Fotograma de *O recado* (Fonseca e Costa, 1971)

Figura 8: Cartaz de *Perdido por cem* (António-Pedro Vasconcelos, 1972)

Perdido por cem é outro exemplo de salvação individual e lembra filmes anteriores, como *Mudar de vida*. Um jovem da província, Artur, tenta construir uma vida nova em Lisboa. Trabalha com publicidade e com rádio, mas apenas esporadicamente. Joana, uma mulher mais velha, se apaixona por ele, e os dois planejam deixar o país para ter uma vida melhor. Pouco antes de embarcar, ela é assassinada no aeroporto pelo ex-namorado, que acabou de regressar da Guerra Colonial em Angola. O trauma da guerra e a violência que ela gera são facilmente percebíveis como resultado da coação da ditadura. Ameaçado por um destino semelhante ao do ex-namorado de Joana, Artur nega conhecê-la quando a polícia o interroga e parte para Roma. Melhor seguir em frente e cumprir o seu próprio desejo do que permanecer num lugar que não hesita em sacrificar seus jovens numa guerra sem sentido.

Vítimas

Fugir parece ser a única forma de escapar à morte certa. À Sofia, a protagonista que recebe a educação sexual no filme com o mesmo título, não se coloca a oportunidade de fugir da vida opressora da alta sociedade na qual vive. Suicida-se, vítima da hipocrisia e do egoísmo do seu pai. *O mal amado*, por outro lado, é assassinado por sua chefe, que não admite o fim do relacionamento amoroso que mantiveram. A escolha de uma parceira mais nova e que lhe oferece um horizonte mais feliz, longe das exigências autoritárias da amante, é assim negado a esse jovem pela mão de uma mulher castradora.

Apesar do oportunismo, da corrupção e da hipocrisia da burguesia urbana, quase sempre associados a profissionais da publicidade que dificultam a vida desses jovens ou acabam com ela, a religião não sai de cena como preocupação de alguns cineastas. Como a superstição que atrapalha a vida de um jovem casal em *A promessa*, de António de Macedo, de 1972. Para salvar a vida do pai, um pescador, José e sua noiva Maria do Mar (alusão religiosa óbvia) fazem um voto de castidade e não ousam quebrá-lo depois de casados. Quando o obscurantismo da religiosidade popular é finalmente transformado num ato de amor carnal, tem consequências fatais.

Mesmo assim, não deixa de apontar para um futuro mais promissor, porque mais humano.

Manoel de Oliveira também debate a dimensão religiosa em dois filmes para comentar o autoritarismo da sociedade portuguesa. Primeiro, no contexto urbano, em *O passado e o presente*, de 1971, em que examina a institucionalização do casamento e seus efeitos malignos. A perversão e os paradoxos que ele gera na protagonista Vanda e na sociedade que a rodeia se refletem nos olhares elucidativos dos criados. Vanda só consegue amar seus maridos quando mortos – uma forma sinistra de escapar ao patriarcado. O amor livre de convenções sociais entre dois personagens secundários surge como possível alternativa e uma vida mais promissora fora do alcance opressor das convenções sociais.

Figura 9: Fotograma de *Benilde ou a virgem mãe* (Manoel de Oliveira, 1975)

No meio rural, já após o 25 de Abril, o diretor retoma a sua inquietação com a falta de fé verdadeira em *Benilde ou A virgem mãe*

(1975), adaptação da peça homônima de José Régio, que se traduz em falta de esperança e resulta em mais que uma morte – desta vez, da protagonista, Benilde. Não resta dúvida de que a jovem grávida que jura não ter tido relações sexuais é mais uma vítima de uma sociedade tirânica e vazia de valores, mas sempre prestes a esmagar o amor quando não serve a seus interesses dinásticos.

Filmes censurados

Não obstante a "primavera marcelista", quando mais perto chegamos do 25 de Abril, maiores se tornam a vigilância por parte da censura e o desafio que isso coloca aos cineastas. Enquanto na primeira fase do Novo Cinema, *Catembe* (1965), de Faria de Almeida, mesmo tendo sido mutilado pela censura, foi proibido de estrear, quatro filmes são agora banidos: *Grande, grande era a cidade*, de Rogério Ceitil, de 1971, *Deixem-me ao menos subir às palmeiras*, de Lopes Barbosa, de 1972, o já mencionado *Sofia e a educação sexual* e *Índia*, de António Faria, de 1973. Dois desses filmes lidam de forma crítica com o passado e o presente do colonialismo português, enquanto os outros dois retratam mais abertamente as mazelas da burguesia.

É curioso notar que os dois filmes mais alegóricos e políticos, *Brandos costumes*, de Alberto Seixas Santos, realizado entre 1973 e 75, e *Os demónios de Álcacer-Kibir*, de Fonseca e Costa, produzido em 1975 e estreado em 76, ambos projetos do CPC, só chegaram aos cinemas quando o processo de redemocratização do país já tinha se iniciado. *Brandos costumes* é particularmente interessante, pois, apesar do passado marxista do seu diretor, é cético em relação a possíveis mudanças da sociedade portuguesa pós-25 de Abril. Sugere que, pela longa vivência com a tirania, a oposição não possui nenhum projeto para o futuro (ver BARROSO, 2007), ou seja, apresenta exatamente a desesperança encontrada por Pina (1986), Costa (1991) e Monteiro (2000), citados acima. O filme de Fonseca e Costa é igualmente pessimista sobre o destino de Portugal, mas encontra para o personagem que representa a África uma perspectiva esperançosa.

Figura 10: Cartaz de *Brandos costumes* (Alberto Seixas Santos, 1973-75)

Arte do medo e da esperança

Para fechar minha abordagem dos filmes da assim chamada segunda fase do Novo Cinema, gostaria de realçar a singularidade de *Uma abelha na chuva*, adaptação do romance neorrealista homônimo de Carlos de Oliveira pelo cineasta Fernando Lopes, cujo processo de realização se estendeu de 1968 a 1971. O filme conta como o relacionamento doentio de um casal de abastados lavradores, Álvaro e Prazeres, é responsável por mais mortes – desta vez, de um jovem casal de empregados na propriedade dessa elite da Comarca (ver FERREIRA, 2007b).

Figura 11: Fotograma de *Uma abelha na chuva* (Fernando Lopes, 1968-71)

Mas enquanto a perpetuação do poder da alta burguesia rural é temática principal do romance em que se baseia, o filme demonstra uma perspectiva promissora em seu final. Ela se manifesta nas descontinuidades entre som e imagem que servem tanto como equivalências ao estilo do romance como para a criação de uma estética própria, que se constrói através de planos demorados e contemplativos de fragmentos da residência deserta do casal latifundiário; de *travellings* morosos sobre suas propriedades esvaziadas; da montagem repetitiva, que, em conjunto com *freeze frames* ou *inserts* de fotografias, quebra o fluxo da narrativa; e do uso da montagem horizontal, que, em vez de reproduzir os sons e os diálogos diegéticos, descarta o som sincronizado com a imagem por meio da montagem de sons extradiegéticos.

Indo além da reafirmação crítica da decadência da burguesia agrícola trabalhada no romance, o filme afirma em seu desfecho a existência de uma resistência estética e assume a capacidade de questionar a identidade hegemônica pelos meios do cinema. Após revelar, ao longo do filme, os responsáveis pela constante repetição da opressão dos desejos e os mecanismos pelos quais isso acontecia, Fernando Lopes congela no final a imagem de Álvaro depois de ele entrar na sala onde Prazeres está recitando um romance sobre a repressão dos sentimentos. Em seguida, é montado um *freeze frame* dela. Esse ato de congelar ambas as personagens aposta no poder do cinema de levar a burguesia agrícola ao seu fim. Em vez da rebelião por parte dos trabalhadores da Comarca, descrita no romance, surge a iniciativa estético-política do diretor que visa interromper as ações dos protagonistas. Ou seja, Fernando Lopes procura incorporar o seu desejo de pôr fim à hegemonia latifundiária através da autonomia dos elementos cinematográficos. Há, portanto, uma ambiguidade entre conteúdo e forma: a narrativa demonstra a erradicação de qualquer "princípio esperança", enquanto a estética encontra meios – os planos e a montagem – para formular o seu dissenso sobre a hegemonia que representa a desesperança. Estamos próximos da fórmula de *Os verdes anos*.

Conclusão

Ao contrário do que se costuma dizer em relação ao Novo Cinema, é possível afirmar que os filmes dos primeiros anos ensaiam o reaprendizado da esperança: através da "imaginação humanista" dos marginalizados em *Dom Roberto*, recordando a utopia humanista e cristã que sobreviveu numa aldeia no interior português em *Acto da primavera*, recuperando a sensibilidade através da confrontação com o amor e com a morte em *Domingo à tarde*, ou, ainda, através da solidariedade trabalhista em *O trigo e o joio*. Em um momento de pouca perspectiva – estamos no início da Guerra Colonial, que procura eternizar o império português, enquanto a descolonização já se espalha pelo continente africano e logo após as falhadas tentativas de afastar Salazar do poder –, este balanço não parece nada mal. O reaprendizado da esperança coexiste com a visão pessimista de *Os verdes anos*, que delega a expectativa de mudança para a estética, traduzindo em planos metafóricos o beco sem saída do seu jovem protagonista. Convive também com o desejo de abandonar o país, realizado em *Mudar de vida*. Ambos os filmes de Paulo Rocha partem do princípio de que a reestruturação em andamento da sociedade portuguesa só beneficia a burguesia e que é preciso partir para outras bandas onde, aí sim, a vida promete ser melhor.

Ao contrário do que se poderia pensar, o "princípio esperança" quase sai de cena quando o ditador Oliveira de Salazar abandona o palco político. Projetos utópicos que poderiam tornar-se realidade através de um esforço coletivo não se encontram com facilidade na segunda metade da década de 1960 e nos primeiros anos da década de 1970. *O cerco*, *O recado* e *Perdido por cem* possuem protagonistas que se agarram à própria sobrevivência, embora fique claro que seus projetos individuais sejam ambíguos e, ultimamente, pouco satisfatórios. O número de vítimas dos valores conservadores, veiculados pela sociedade autoritária e apoiados em certos dogmas da Igreja Católica, aumenta: jovens mulheres e homens se suicidam, são assassinados ou morrem de desgosto em *Sofia e a educação sexual*, *O mal amado* e em *Benilde ou a virgem m*ãe. Outras vidas são afetadas de forma negativa, tornando as pessoas obsessivas e perversas, como ocorre em *O passado e o presente* e em *A promessa*. Quando os protagonistas não acabam como vítimas, seus diretores são vitimizados, pois a censura impossibilita ou atrasa a estreia de um número significativo de filmes (*Grande, grande era a cidade*, *Deixem-me ao* *menos subir às palmeiras, Sofia e a educação sexual* e *Índia*). No entanto, o horizonte de esperança não se perde e sobrevive ou na resistência de figuras isoladas (*O cerco*, *O recado* e *Perdido por cem*), através de protagonistas (*A promessa*) e personagens secundárias (*O passado e o presente*), ou por meio do dissenso estético, nomeadamente em *Uma abelha da chuva*, *O passado e o presente* e *Benilde ou a virgem mãe*.

Com base nessas análises, parece-me possível afirmar que a ideia frequentemente veiculada pelas historiografias do cinema português de que os filmes do Novo Cinema realizados entre 1961 e 1978 são sobretudo fatalistas e pouco políticos deve ser revista. Decerto, a reestruturação imediata da sociedade não aparece no horizonte de nenhum, e os cineastas se socorrem à análise e à demonstração dos mecanismos da arte de temer. A opressão é, de fato, retratada como uma força destruidora, profundamente enraizada numa sociedade que perpetua valores castradores, vazios e fatais. De qualquer forma, é possível interpretar os filmes de teor mais desesperado e com mortes causadas pelo autoritarismo e pelo machismo de outra forma. Suicídios, assassinatos e outras formas de morte indicam sem dúvida o quanto o autoritarismo da ditadura foi vigoroso. Parece-me, contudo, que todos esses casos podem ser pensados no contexto da base cultural portuguesa, invocada por Manoel de Oliveira no primeiro longa do Novo Cinema de forma consciente e inconfundível. A figura principal do "princípio esperança", o Salvador, entra "em cena" através da representação no auto. Sendo assim, as mortes dos personagens podem ser lidas também como sacrifício, sacrifícios substitutos para que a sociedade possa alcançar um mundo melhor. De alguma forma são todos suplentes que morrem com base na utopia cristã da ressurreição.

Embora os projetos nos primeiros anos da década de 1960 sejam vagos (o humanismo cristão de *Acto da primavera*), simples (a solidariedade em *O trigo e o joio*), românticos (um lar imaginário em *Dom Roberto*) ou, nos filmes do final da época, sobretudo projetos individuais, estes últimos também podem ser entendidos como concessões a aspirações maiores. Havia sonhos dos quais as personagens se afastaram ou que tiveram que ser esmagados porque assinalavam o potencial de imaginar alternativas, seja por protagonistas, seja por personagens secundárias. Exemplos são o projeto político em *O recado*, a vida numa sociedade livre em *Os verdes anos*, *Mudar de vida* e *Perdido por cem*, e o amor livre das convenções sociais em *O passado e o presente*.

Ao entender a estética como sendo política, como o faz Jacques Rancière (s/d), é possível perceber como o Novo Cinema parte para a modificação do *status quo*, principalmente por meio de seus recursos cinematográficos:

> [...] a arte não é política antes de tudo pelas mensagens que ela transmite nem pela maneira como representa as estruturas sociais, os conflitos políticos ou as identidades sociais, étnicas ou sexuais. Ela é política antes de mais nada pela maneira como configura um sensorium espaço-temporal que determina maneiras do estar junto ou separado, fora ou dentro, face a ou no meio de [...]. Ela é política enquanto recorta um determinado espaço ou um determinado tempo, enquanto os objetos com os quais ela povoa este espaço ou o ritmo que ela confere a esse tempo determinam uma forma de experiência específica, em conformidade ou em ruptura com outras: uma forma específica de visibilidade, uma modificação das relações entre formas sensíveis e regimes de significação, velocidades específicas, mas também e antes de mais nada formas de reunião ou de solidão. Porque a política, bem antes de ser o exercício de um poder ou uma luta pelo poder, é o recorte de um espaço específico de ocupações comuns; é o conflito para determinar os objetos que fazem ou não parte dessas ocupações, os sujeitos que participam ou não delas etc.

O exemplo que melhor demonstra o anseio de recortar a realidade de uma maneira que permita pensar e aprender a esperar é, como já afirmei, *Uma abelha na chuva*. Mas filmes como *Os verdes anos, Domingo à tarde, O passado e o presente* e *Benilde ou a virgem mãe* também podem ser nomeados nesse contexto, entre vários outros que participam da reconfiguração do *sensorium* espaço-temporal. Refletem a confiança de que os dias da ditadura estão contados e de que o desejo desse fim pode tornar-se realidade.

Ernst Bloch (2006) termina o seu livro de mais de mil páginas sobre as utopias humanas com a observação de que "os homens, assim como o mundo, carregam dentro de si a quantidade suficiente de futuro; nenhum plano é propriamente bom se não contiver essa fé basilar". No Novo Cinema português há poucos protagonistas que compartilham essa certeza, e mesmo quando a possuem nem sempre conseguem vivê-la. É correto que não haja propostas concretas e que se demonstra constantemente que os menores desejos podem terminar com a morte. A conclusão disso não é necessariamente de que se trata de filmes fatalistas ou antipolíticos. Perante a impossibilidade de realizar utopias numa sociedade totalitária, os realizadores não desistiram da busca de caminhos estéticos que pudessem modificar a percepção e, com ela, a distribuição dos papéis na realidade.

Em favor do cinema indisciplinar: o caso português[1]

O cinema como lugar de estéticas que possibilitam um pensamento heterodoxo possui uma longa tradição. Desde o cinema mudo, filmes exploram e transgridem as fronteiras disciplinares, expondo a construção de suas ficções. Nas últimas duas décadas, esse fenômeno, evidente em cineastas consagrados como Chris Marker, Harun Farocki, Jean-Luc Godard e Eduardo Coutinho, entre muitos outros, tem sido cada vez mais discutido através do conceito de ensaio fílmico ou filme-ensaio. Partindo de uma discussão desse conceito, este capítulo pretende introduzir um outro, o de filme indisciplinar, e, para evidenciá-lo, analisar quatro filmes da história do cinema português.

Estudarei, principalmente, filmes do Novo Cinema, aprofundando assim o primeiro capítulo. Mas não só. Como complemento do que foi discutido anteriormente, procurarei demonstrar que o cinema indisciplinar não se restringe ao cinema dito moderno. Suas características se manifestam desde o início da história do cinema. No caso português, escolhi, por isso, o filme mudo *Douro, faina fluvial* (1931), de Manoel de Oliveira; depois, farei uma leitura mais completa do já mencionado *Acto da primavera* (1963), também de Manoel de Oliveira, para analisar em seguida dois trabalhos pouco

---

[1] Publicado anteriormente com o mesmo título na revista *Rebeca – Revista brasileira de estudos de cinema e audiovisual*, v.1/2, p. 100-138, 2012.

estudados, filmados na época do Novo Cinema: o censurado *Catembe* (1965), de Faria de Almeida, e o média-metragem *Jaime* (1974), de António Reis. No sexto capítulo, voltarei ao conceito do filme indisciplinar para discutir duas obras contemporâneas: *Natureza morta* (2005) e *48* (2009), ambos de Susana de Sousa Dias.

Mencionei acima a importância do conceito de filme-ensaio. De fato, no final dos anos 1980, surgiu na Alemanha (HERCHER *et al*, 1987; MÖBIUS, 1991; KANZOG, 1991; BLÜMLINGER e WULFF, 1992; HATTENDORF, 1994; SCHERER, 2001, entre outros) e na França (NOGUEZ, 1977; BELLOUR, 1990; BELLOUR e ROTH, 1997, entre outros) um renovado interesse pelo termo. Ao longo de uma década, a discussão do conceito se espalhou pela Europa (APRÀ, 1996; ORTEGA e WEINRICHTER, 2006; RASCAROLI, 2009) e chegou, no novo milênio, à América do Sul e à América do Norte (ALTER, 2006; CORRIGAN, 2011), produzindo uma bibliografia considerável. No Brasil, o filme-ensaio está sendo discutido por André Brasil (2006), Consuelo Lins (2006, 2008), Arlindo Machado (2006), Cezar Migliorin (2010) e Ismail Xavier (2009), entre outros.

É de conhecimento comum que o conceito de ensaio foi introduzido por Michel de Montaigne, em seu famoso livro cujo título traz o termo no plural.[2] Procurando apresentar "sem máscaras" o pensamento e a "essência" do seu autor (MONTAIGNE, 1993, p. 34), Os *ensaios* esboçam, como explicita Arthur Franz (1993, p. 17), uma *Lebenskunst*, ou seja, uma arte de viver e conviver com as imperfeições humanas. O mapeamento das especificidades do ser humano surge da auto--observação e da reflexão, ao mesmo tempo em que leva o autor a abdicar de regras e esquematismos, da idealização ou da tipificação. Apesar desse ímpeto "indisciplinar" (RANCIÈRE, 2006), o ensaio tornou-se gênero influente nas mais diversas disciplinas, seja na filosofia, seja nas ciências, seja nas artes – entre elas, o cinema.

---

2 Laura Rascaroli (2009, p. 30) sugere que o ensaio é uma tradição literária bem mais antiga, remontando a Cícero e Sêneca.

A suspensão de uma ideia tradicional de método tornou-se ainda mais fulcral quando, no início do século XX, George Lukács [1910] e, depois, Theodor W. Adorno [1958] retomaram a discussão do conceito, no contexto de uma revisão generalizada da objetividade das ciências. Embora discordasse de Lukács na possibilidade de pensar o ensaio como forma artística, Adorno (2003, p. 28) o cita longamente para sublinhar o contributo do ensaio a um pensamento não ortodoxo, que se contenta com as limitações do conhecimento, em vez de defender uma verdade absoluta, como acontece nas disciplinas científicas através de seus métodos:

> Em relação ao procedimento científico e sua fundamentação filosófica enquanto método, o ensaio, de acordo com sua idéia, tira todas as conseqüências da crítica ao sistema. Mesmo as doutrinas empiristas, que atribuem à experiência aberta e não antecipável a primazia sobre a rígida ordem conceitual, permanecem sistemáticas na medida em que definem condições para o conhecimento, concebidas de um modo mais ou menos constante, e desenvolvem essas condições num complexo o mais homogêneo possível. Desde Bacon – ele próprio um ensaísta – o empirismo, não menos que o racionalismo, tem sido um "método". Nos processos do pensamento, a dúvida quando ao direito incondicional do método foi levantada quase tão-somente pelo ensaio. Este leva em conta a consciência da não-identidade, mesmo sem expressá-la; é radical não no não-radicalismo, ao se abster de qualquer redução a um princípio e ao acentuar, em seu caráter fragmentário, o parcial diante do total. "O grande *Sieur* de Montaigne talvez tenha sentido algo semelhante quando deu a seus escritos o admiravelmente belo e adequado título de *Essais*. Pois a modéstia simples é uma altiva cortesia. O ensaísta abandona suas próprias e orgulhosas esperanças, que tantas vezes o fizeram crer estar próximo de algo

definitivo: afinal, ele nada tem a oferecer além de explicações de poemas dos outros ou, na melhor das hipóteses, de suas próprias idéias. Mas ele se conforma ironicamente a essa pequenez, à eterna pequenez da mais profunda obra do pensamento diante da vida, e ainda a sublinha com sua irônica modéstia."

Comparando os dois autores e suas reflexões sobre o ensaio, percebe-se que há mais pontos em comum do que divergências. Com efeito, ambos distinguem a centralidade do autor como local de experiência intelectual, através da qual o ensaio articula suas dúvidas e sua crítica perante os métodos das disciplinas científicas que se socorrem na obrigação "pré-crítica de produzir definições" (LUKÁCS, 1978, p. 2). Quando Lukács, fala em "monólogo reflexivo" e "pathos existencial do autor", Adorno (2003, p. 35) usa a imagem do autor como palco de interrogações e dúvidas:

> O pensador, na verdade, nem sequer pensa, mas sim faz de si mesmo o palco da experiência intelectual, sem desemaranhá-la. Embora o pensamento tradicional também se alimente dos impulsos dessa experiência, ele acaba eliminando, em virtude da sua forma, a memória desse processo. O ensaio, contudo, elege essa experiência como modelo, sem entretanto, como forma refletida, simplesmente imitá-la; ele a submete à mediação através da sua própria organização conceitual; o ensaio procede, por assim dizer, metodicamente sem método.

Embora seja compreensível, a ideia do método antimetódico também é algo vago e levou a alguma indefinição no contexto dos estudos de cinema. Em vez de focar a heterogeneidade que está em jogo nesse tipo de filme, criou-se o mito de um paradoxo irresolúvel. Outra questão influenciou permanentemente o debate e, novamente, não participou necessariamente no esclarecimento do filme ensaio. Em sua definição do ensaio como lugar de pensamento performático, mediado pelo autor, Adorno reconhece que a linguagem estética do ensaio participa das possibilidades não conceituais da obra de arte. Julga, porém, impossível que se tornasse tal, porque entende a arte como sendo não discursiva.

Um ponto de vista parecido, mas mais bem apurado, no que diz respeito à diferença entre arte e filosofia é proposto por Gilles Deleuze e Félix Guattari (2001, p. 13), que definem a filosofia como "arte de formar, de inventar, de fabricar conceitos". Essa definição parte da preocupação dos autores com os "rivais" da disciplina, encabeçados pela sociologia, que ambicionam participar da vocação filosófica de criar conceitos. Cientes de que cada campo do conhecimento é criativo, Deleuze e Guattari (2001, p. 13) mantêm-se firmes em relação à especificidade da missão da sua disciplina: "as ciências, as artes, as filosofias são igualmente criadoras, mesmo se compete apenas à filosofia criar conceitos no sentido estrito". Não há dúvida para os autores que apenas "a filosofia tira conceitos (que não se confundem com ideias gerais ou abstratas), enquanto a ciência tira prospectos (proposições que não se confundem com juízos), e a arte tira perceptos e afectos (que também não se confundem com percepções ou sentimentos)" (DELEUZE e GUATTARI, 2001, p. 37). O que eles colocam em pauta não é que a arte seja incapaz de pensar, mas a forma como ela o faz: "A arte não pensa menos que a filosofia, mas pensa por afectos e perceptos" (DELEUZE e GUATTARI, 2001, p. 88).

A ideia de um ensaio fílmico não entra em choque com essa definição. Parece, no entanto, que a possibilidade de pensar através da arte, ou, mais especificamente, através de sons e imagens, indiscutível para Deleuze e Guattari no final do século XX, não o era em seu início. Estudando os diferentes textos produzidos por cineastas e teóricos de cinema sobre o ensaio fílmico, sobressai a vontade de demonstrar que o cinema é, de fato, não apenas arte, mas também um lugar de reflexão. Sergei Eisenstein foi o primeiro diretor a apropriar-se do ensaio, ao classificar o seu filme *Outubro*

(1928) como tal, para alegar que o cinema tinha a "possibilidade de articular ideias" (EISENSTEIN *apud* SCHLEGEL, 1975, p. 290).

Baseando-se em Eisenstein, Béla Balázs (1972) especificou, em 1930, que no *Gedankenfilm* (filme de pensamentos, denominado também por ele como ensaio fílmico ou ensaio montado) o abstrato era mediado de forma sensível e o intelectual, através do efeito da imagem – posição que ressoa em Deleuze e Guattari (2001). Na mesma linha, Hans Richter (*apud* BLÜMLINGER, 1992) considerava o filme--ensaio, já em 1940, uma muito desejada variação do documentário, capaz de visualizar pensamentos, tornando visível uma ideia invisível. Deu como exemplos os filmes ingleses de Alberto Cavalcanti, Basil Wright e John Grierson, bem como os filmes de diretores que trabalhavam junto com Jacques Brunius, na França, ou com Henri Storck, na Bélgica.

Quase uma década mais tarde, em 1948, Alexandre Astruc (*apud* BLÜMLINGER, 1992) ainda não conseguiu apontar um único filme que merecia ser considerado uma expressão do pensamento, mas não duvidava dessa hipótese. Ponderava que esse tipo de filme possuiria um caráter dinâmico e dialético e abrangeria (um detalhe significativo) filmes ficcionais.

Poucos anos mais tarde, Jacques Rivette (1977 [1955]) analisou *Viagem em Itália* (1954), de Roberto Rossellini, como exemplo de um ensaio, sugerindo que o cinema era tão capaz de ser ensaístico quanto a literatura. Na opinião do crítico e futuro cineasta, Rossellini tinha filmado suas ideias, bem como os detalhes mais comuns do dia a dia (RASCAROLI, 2009, p. 26).[3]

Logo em seguida, em 1958, André Bazin (1992) deparou-se, no mesmo ano em que Adorno publicou o seu influente artigo, com um filme que se enquadrava na definição de Astruc: *Carta da Sibéria*, de Chris Marker. Em sua análise, Bazin concentrou-se nos perceptos, ou

---

3   Laura Rascaroli também menciona os escritos de Cesare Zavattini sobre cinema pessoal que datam dos anos 1950 e 1960, bem como o conhecido texto de Pier Paolo Pasolini sobre "cinema poético", de 1965.

seja, na dialética entre som e imagem, e na montagem do olho para a orelha, que cunhou de montagem horizontal. Era convencido que esse tipo de montagem podia levar o documentário a um novo patamar.

Alexander Kluge, Edgar Reitz e Wilfried Reinke (1992), por sua vez, retomaram em 1965 o pensamento de Balázs ao focarem a relação dialética entre percepção e conceito em filmes que julgavam capazes de articular ideias complexas. No mesmo ano, Jean-Luc Godard (*apud* LIANDRAT-GUIGUES, 2004, p. 9) cunhou o seu filme *O demônio das onze horas* como um ensaio fílmico. A expressão dele de que o cinema era uma "forma que pensa" associou-o como poucos cineastas ao conceito, idealizando, como novidade, uma certa autonomia do material fílmico.

Para o contexto latino-americano, Fernando Solanas e Octavio Getino (1976 [1969]) apontaram, no final dos anos 1960, em seu famoso manifesto sobre o Terceiro Cinema, que o filme-ensaio era uma linguagem privilegiada para o desenvolvimento dele (RASCAROLI, 2009, p. 29). A possibilidade de articular estética e política surgia através desses autores, numa chave revolucionária.

A literatura mais recente define o filme-ensaio com base nesses autores, ou através de análises de filmes, como uma obra de arte aberta, que foge a uma fixação dentro dos parâmetros dos gêneros já estabelecidos. A subjetividade do ponto de vista e a autorreflexividade são referidas como características de filmes que resistem à passividade na recepção, pois procuram envolver o espectador na renovação do relacionamento entre sons e imagens. Há consenso sobre o fato de que o questionamento dos limites de gêneros e mídias possibilita um encontro entre literatura, filosofia e mídias visuais que desconhece hierarquias (ver MÖBIUS, 1991; BLÜMLINGER e WULFF, 1992; MACHADO, 2006; RASCAROLI, 2009; CORRIGAN, 2010).

Há discordância apenas em relação à definição do ensaio fílmico como gênero cinematográfico próprio. Enquanto para alguns é assumidamente uma forma narrativa basilar do mundo moderno

(SCHERER, 2001), em pé de igualdade com os gêneros de ficção, não ficção e cinema experimental, outros o consideram um antigênero que escapa a qualquer tipo de definição, pois atravessa e reorganiza todos os gêneros e subgêneros existentes (KROHN, 1992; ALTER, 2006; RASCAROLI, 2009). Seguindo essa segunda linha de pensamento, Volker Pantenburg realça que o ponto de vista subjetivo, que constitui a matriz do ensaio fílmico, mina, de fato, qualquer possibilidade de classificá-lo como tal. Pelo contrário, significa "um adeus implícito aos princípios de uma definição de gênero" (PANTENBURG, 2006, p. 152). Com base em algumas das reflexões dos diretores e teóricos referidos acima, o autor sugere que o ensaio fílmico deveria ser definido menos por seu lado formal, isto é, pela "voz" do autor que complementa a "imaturidade [Unmündigkeit] da imagem" (PANTENBURG, 2006, p. 154). Em vez de discutir a relação entre som e imagem na tradição de Bazin, seria preciso enfocar a existência de elementos na linguagem imagética que possuem um potencial teórico que incide com a exploração da montagem. Os estudos de caso de Pantenburg, filmes de Harun Farocki e Jean-Luc Godard, apontam para a tentativa desses cineastas de pensar com imagens sobre imagens.

Suzanne Liandrat-Guigues participa também da revisão do conceito, mas de outro ângulo. A autora argumenta que o objetivo primordial do ensaio fílmico advém menos da ocupação de um "entre" ficção e documentário do que da vontade de "fazer compreender a conversão de signos cinematográficos realizados por um certo tipo de cinema" (LIANDRAT-GUIGUES, 2004, p. 11). Chama a atenção para a diversidade dos ensaios audiovisuais, que vão desde um ceticismo perante a imagem de um Jean-Luc Godard a um "novo tipo de reflexão, totalmente imprevisível" (LIANDRAT-GUIGUES, 2004, p. 12). Novamente, remetendo-nos para Montaigne, Adorno e Lukács, a autora compara o ensaio fílmico com as ciências exatas, explicitando a sua dimensão experimental e a sua intenção de oferecer experiências em vez de fatos "duros", sendo que "o ensaio é frequentemente descrito por uma abordagem que não se submete às regras disciplinares, às regras da argumentação e da demonstração" (LIANDRAT-GUIGUES, 2004, p. 8).

A breve revisão bibliográfica demonstra que, além de instrumento para defender a faculdade racional do cinema, o afastamento do pensamento disciplinar surge como a característica principal do ensaio, ao mesmo tempo que as disciplinas se apropriaram dele para defini-lo como gênero ou lugar discursivo. Julgo que o conceito da indisciplinaridade de Jacques Rancière, referido brevemente acima, proporciona a oportunidade de devolver ao ensaio a sua irreverência, bem como construir uma nova perspectiva sobre o papel da arte na contestação de métodos disciplinares através da redefinição do método em si.

Citei Adorno e a ideia dele de que o ensaio utilizava um método antimetódico para combater o pensamento tradicional, ao mesmo tempo que questionava a capacidade da arte de atuar nesses moldes. Rancière (2006, p. 6) sugere, contrariamente, que uma disciplina não se define *a priori* pelos seus métodos, mas pela "constituição de um objeto como objeto de pensamento e [pel]a demonstração de uma certa ideia de conhecimento – em outras palavras, uma certa ideia da relação entre conhecimento e a distribuição de posições", tornando a ideia de um método antimetódico desnecessária senão revelando a sua inexatidão. De fato, o autor argumenta que a ciência (referindo-se às ciências humanas e sociais) não é nada mais do que "uma máquina de guerra contra a alodoxia. Mas o que ela chama de alodoxia é de fato um dissenso estético" (RANCIÈRE, 2006, p. 6). Dito de outro modo, as disciplinas do conhecimento tentam neutralizar tudo o que foge do consenso e o que ameaça o equilíbrio, tudo o que coloca em risco a distribuição dos papéis ou das ocupações numa sociedade, aquilo que o autor denomina como "partilha do sensível" (RANCIÈRE, 2009).

Nessa lógica, o maior objetivo das ciências humanas e sociais versa sobre o estabelecimento de relações estáveis através de fronteiras que regulam o dissenso; e essas fronteiras ocultam o fato de que os métodos se desdobram na construção de histórias. A indisciplinaridade é, por sua vez, uma forma de pensamento que revela as fronteiras estabelecidas pelas disciplinas, bem como a função delas como instrumentos de "guerra". O neologismo articula a ideia de que qualquer método, em vez de examinar um território, procura defini-lo por meio de histórias contadas sobre ele. Qualquer área de conhecimento, como a filosofia, precisa dirigir a sua atenção às fabulações das outras disciplinas – denominadas métodos – para garantir a sua indisciplinaridade:

> O pensamento disciplinar diz: nós temos nosso território, nossos objetos e métodos correspondentes. Assim falam a sociologia, a história, as ciências políticas ou a teoria literária. Assim também fala a filosofia, em sentido geral, quando posa como disciplina. Mas no momento em que quer fundar-se como disciplina das disciplinas, ela produz esta inversão: a fundação da fundação é uma história. E a filosofia diz para os conhecimentos que estão seguros de seus métodos: métodos são fábulas recontadas. Isto não significa que sejam inválidos. Significa que eles são armas em uma guerra; não são instrumentos que ajudam a examinar um território, senão armas que servem para estabelecer fronteiras (RANCIÈRE, 2006, p. 11).

Ao contrário de Deleuze e Guattari (2001), Rancière não diferencia as diversas disciplinas do conhecimento. É tão somente a construção de histórias que as distingue: "Não existe fronteira garantida que separe o território da sociologia do da filosofia, ou da história da literatura. [...] Só a linguagem das histórias consegue traçar uma fronteira, separando a contradição da ausência de uma última razão das razões das disciplinas" (RANCIÈRE, 2006, p. 11).

Atribuindo à política um fundamento estético, Rancière também a inclui em sua lista. Entendendo-a como mais uma das áreas de expressão humana que se ocupa de contar histórias, aponta a ficcionalidade como elo comum entre política, arte e ciências humanas e sociais, sendo que é ela que define a nossa percepção do mundo: "A política e a arte, tanto quanto os saberes, constroem 'ficções', isto é, rearranjos materiais dos signos e das imagens, das relações entre o que se vê e o que se diz, entre o que se faz e o que se pode fazer" (RANCIÈRE, 2009, p. 59).

O autor associa a indisciplinaridade, que desvenda a construção das ficções, sobretudo à filosofia. Mas é também possível argumentar que a arte possui esse potencial – a arte do "regime estético", principalmente. Ao empregar um conceito da filosofia para definir a arte, esse outro conceito basilar do pensamento rancieriano revoga as fronteiras entre ambas, embora o seu objetivo maior seja a substituição da ideia de uma arte moderna e o prolongamento do seu regime. Logo, o ponto de viragem para o regime estético é localizado através de duas referências: por um lado, no idealismo alemão e, por outro, no realismo literário.

A arte do regime estético pode ser qualificada como sendo indisciplinar, pois se retrai da inteligibilidade da imitação de uma ação para realçar a matéria bruta dos objetos e o potencial narrativo dela:

> E seu momento inaugural foi com frequência denominado realismo, o qual não significa de modo algum a valorização da semelhança, mas a destruição dos limites dentro dos quais ela funcionava. Assim, o realismo romanesco é antes de tudo a subversão das hierarquias da representação (o primado do narrativo sobre o descritivo ou a hierarquia dos temas) e a adoção de um modo de focalização fragmentada, ou próxima, que impõe a presença bruta em detrimento dos encadeamentos racionais da história (RANCIÈRE, 2009, p. 32).

Rancière (2009, p. 36) argumenta que o regime estético como questionamento dos limites da semelhança ganhou expressividade através de filósofos e artistas como Giambattista Vico, G. W. F. Hegel, Friedrich Hölderlin, Honoré de Balzac e Felix Mendelssohn, citados sem discriminação de suas áreas de atuação. Não obstante, um texto literário, *Madame Bovary*, de Gustave Flaubert, serve de exemplo para especificar a grande reviravolta que o regime representa:

> Um livro que não possui traços da intervenção do autor e exibe, em vez disso, apenas a indiferença e a passividade das coisas sem vontade ou significado. Pensamento não é entendido como uma faculdade que impõe a sua vontade em seus objetos, mas como uma faculdade de se tornar idêntico com o seu contrário (RANCIÈRE, 2006a, p. 117).

Trata-se de uma nova ficcionalidade, que "se desdobra sempre entre dois polos: entre a potência de significação inerente nas coisas mudas e a potencialidade dos discursos e níveis de significação" (RANCIÈRE, 2009, p. 55). Portanto, as obras do regime estético possuem uma sensibilidade específica, que se diferencia dos regimes anteriores – o regime da ética da imagem e o regime representativo –, porque demonstra sempre esse potencial heterogêneo: "produto idêntico ao não produto, saber transformado em não-saber, logos idêntico a um *pathos*, intenção do inintencional etc." (RANCIÈRE, 2009, p. 32).[4] A heterogeneidade implode fronteiras preestabelecidas e propõe novas experiências, reconfigurando a partilha do sensível.

Seguindo esse raciocínio, as obras artísticas que pertencem ao regime estético podem ser consideradas indisciplinares. O seu objetivo principal é produzir dissenso. É preciso especificar que dissenso

---

4   Aqui encontramos também um ponto de partida para aliar o filme-ensaio ao novo realismo, pois, no contexto do regime estético, o cinema não é pensado em termos ontológicos, como o queria André Bazin (1991), senão sempre de forma heterogênea, isto é, abrangendo a razão dos fatos e a razão das ficções.

não significa contestação, mas divergência do consenso estabelecido, com o fim de reorganizar a partilha do mundo sensível:

> Assim o dissenso, antes de ser oposição entre um governo e as pessoas que o contestam, é um conflito sobre a própria configuração do sensível. [...] a distribuição dos espaços privados e públicos, dos assuntos que nele se trata ou não, e dos atores que têm ou não motivos de estar aí para deles se ocupar. Antes de ser um conflito de classes ou de partidos, a política é um conflito sobre a configuração do mundo sensível na qual podem aparecer atores e objetos desses conflitos (RANCIÈRE, 1996, p. 373).

A política deixa de ser associada a conceitos como poder, conflito (entre forças antagônicas) ou dominação. Em vez disso, é vinculada à dimensão estética, compreendida como percepção do mundo. Essa percepção, por sua vez, entende-se que seja tanto cognitiva quanto sensível. Não existe diferença entre recepção ativa e passiva:

> [...] que confirma ou transforma essa distribuição das posições. O espectador também age, como o aluno ou o cientista. Observa, seleciona, compara, interpreta [...]. É nesse poder de associar e de dissociar que reside a emancipação de cada um de nós enquanto espectador. Ser espectador não é a condição passiva que devêssemos transformar em atividade. É a nossa situação normal (RANCIÈRE, 2010, p. 22-28).

No cinema, há, contudo, uma longa tradição de entender o espectador como um ser sem corpo, privilegiando a percepção ocular, como apontam, por exemplo, Thomas Elsaesser e Malte Hagener (2007). O debate acerca do ensaio fílmico participa dessa tradição ao realçar a ativação do espectador, visão que precisa ser revista, como sublinham os autores: "O cinema não é um caso à parte da percepção, com regras próprias; o cérebro processa toda a percepção sensível e do corpo, seja no cinema, seja em outros lugares" (ELSAESSER e HAGENER, 2007, p. 210).

Não é difícil encontrar as mais diversas manifestações de dissenso no ensaio fílmico, bem como a tentativa de entender o espectador como um ser complexo ao qual são oferecidas, através do potencial heterogêneo dos filmes, novas experiências. O contributo de Laura Rascaroli (2009) para a teorização do ensaio fílmico tem sido precioso, pois torna isso mais patente quando sublinha o interesse do ensaio no diálogo:

> Em outras palavras, a estrutura do filme ensaio (bem como do ensaio literário) é uma interpelação constante; cada espectador, como indivíduo ou membro de uma audiência coletiva e anônima, é convidado a participar no relacionamento dialógico com o enunciador para tornar-se ativo, intelectual e emocionalmente, para interagir com o texto [...] o filme ensaio é a expressão de uma voz singular e autoral que entra em diálogo como o espectador (RASCAROLI, 2009, p. 35-37).

No entanto, Rascaroli insiste na centralidade da voz autoral. Entendendo o filme-ensaio como forma de arte do regime estético possibilita, por sua vez, uma outra abordagem da questão da autoria, na qual a subjetividade perde sua centralidade. Filmes surgem, simplesmente, como um encontro com a realidade e com os objetos dela – objetos esses que possuem uma potência de significação própria, à qual, no caso do cinema, a filmagem oferece a oportunidade de se manifestar.

Perante os mais recentes trabalhos sobre o ensaio fílmico e a consciência da heterogeneidade dos filmes, pode parecer desnecessária a substituição de um conceito com oito décadas de tradição por outro. No entanto, ao aliar o filme indisciplinar ao regime estético, torna-se possível mudar a perspectiva sobre o cinema em geral e sobre o ensaio fílmico em específico, porque o conceito realça: 1) a finalidade de revelar a construção de ficções através da heterogeneidade (de temporalidades, do alto e do baixo, do popular e do erudito, da razão dos fatos e da razão das ficções); 2) a sua dimensão política através da produção de dissenso estético; e 3) a recepção ao mesmo tempo cognitiva e sensível, ativa e passiva.

Consequentemente, os debates em torno da classificação do ensaio fílmico como gênero, da obstinação com a sua capacidade de pensar, da insistência na atividade do espectador, da definição do potencial de significação como posição autoral, do questionamento da fronteira entre realidade e ficção e da importância dada à relação inovadora entre som e imagem tornam-se desnecessários. Apontar o filme indisciplinar como parte do regime estético possibilita, além disso, participar da reavaliação da ideia de um cinema moderno, ao qual o ensaio fílmico está associado. Dessa forma, é possível enquadrá-lo numa tradição maior, que teve o seu início pelo menos na viragem do século XVIII para o século XIX.[5] Isso permite entender o cinema como parte de uma vertente estética em estreito diálogo com outras formas artísticas, ou seja, serve também como comentário sobre o debate acerca da especificidade do cinema.

Sendo assim, este capítulo procura estabelecer o cinema indisciplinar como instrumento analítico, cuja utilidade será testada através de um estudo de caso: o cinema português. Este último reúne em sua não tão extensa filmografia um número considerável de filmes cuja "sensibilidade específica" visa propor novas experiências e, através delas, reconfigurar o consenso estabelecido. Através da análise de quatro filmes, pretendo ainda revisar, de forma indireta, algumas ideias genéricas sobre a história do cinema português. O argumento de Rancière (2009, p. 35) de que "o regime estético das artes é o verdadeiro nome daquilo designado pela denominação confusa de modernidade" serve como norte deste empreendimento.

---

5   Talvez seja até possível pensar o regime estético de forma mais ampla, sendo que, para dar apenas um exemplo, a pintura holandesa do século XVI já apresenta elementos do regime estético.

Filmes indisciplinares portugueses

Douro faina, fluvial

É possível dizer com Rancière que a montagem intelectual do filme *Outubro* (1928) de Eisenstein, supostamente o primeiro ensaio fílmico, participa da afirmação do regime estético no cinema. Regime esse que "não começou com decisões de ruptura artística. Começou com as decisões de reinterpretação daquilo que a arte faz ou daquilo que a faz ser arte" (RANCIÈRE, 2006, p. 36). O que o cinema faz ser arte, nesse caso, é a montagem de sequências que reconstroem a Revolução Russa de 1917 com objetos simbólicos cuja presença "bruta" oferece indícios para reinterpretá-la.[6] Constrói-se uma narrativa "fragmentada" que anseia ocupar o lugar da historiografia.

Ao abolir as fronteiras disciplinares entre a construção de uma história cinematográfica e um comentário histórico, o filme pode ser reclamado para o cinema indisciplinar, junto com outros filmes de montagem, como algumas das sinfonias das metrópoles, notadamente *Berlim – sinfonia de uma metrópole* (1927), de Walter Ruttmann, e *O homem com a câmera* (1929), de Dziga Vertov, que participaram igualmente da reinterpretação da arte cinematográfica ao se declararem crônicas, ou mesmo composições visuais, da contemporaneidade urbana.[7] Eles exploram no espaço das grandes metrópoles europeias o encontro entre os corpos que as habitam e as máquinas que as movimentam, indagando das mais diversas formas esta "identidade de contrários".

Portugal possui dois exemplos muito particulares: *Lisboa, crônica anedótica* (1930), de Leitão de Barros, e *Douro, faina fluvial* (1931), de Manoel de Oliveira. Particulares porque a identidade dos contrários

---

6 Um dos exemplos mais conhecidos é a montagem de imagens de Alexander Kerensky, primeiro ministro do governo provisório, e de um pavão mecânico para comentar sobre a função de marionete política desse personagem histórico.

7 Faria sentido contemplar ainda outros filmes sinfônicos sobre a vida moderna, os brasileiros *Rien que les heures* (1926) de Alberto Cavalcanti, e *Limite* (1931), de Mario Peixoto, bem como *À propos de Nice* (1931), de Jean Vigo.

neles é bastante acentuada, uma vez que os filmes se debruçam, de forma mais acentuada do que os exemplos da Alemanha, da Rússia e da França, sobre corpos que vivem, em sua maioria, ainda de forma tradicional, num contexto em que o desenvolvimento tecnológico e os dispositivos técnicos são ainda novidade.[8]

Figura 12: Fotograma de *Douro, faina fluvial* (Manoel de Oliveira, 1931) –Ponte Dom Luís I

No filme de Manoel de Oliveira, a câmera explora nos primeiros minutos a construção de filigrana de ferro da ponte Dom Luís I, erguida entre 1881 e 1888 e elaborada por um engenheiro belga e sócio de Gustave Eiffel, Teófilo Seyrig. A obra surge como marco de uma modernidade que convive pacificamente com a vida ainda tradicional na Ribeira do Douro. Contudo, uma das sequências mais famosas do filme de Manoel de Oliveira demonstra a variação sinfônica sobre essa cidade na periferia da Europa, já que realça o

---

8   Paulo Menezes (2013) elabora esse ponto de vista em maior detalhe.

fator humano por meio do acaso e da distração. Esse fator é especificamente importante num momento em que as máquinas mecânicas ganharam relevo nos trabalhos diários. Na cena indicada, o equilíbrio entre modernidade e mundo tradicional sai momentaneamente do eixo.

Figura 13: Fotograma de *Douro, faina fluvial* – a Ribeira

A ação fragmentada através de cortes rápidos mostra como um rapaz que conduz um carro de boi acaba sendo vítima de um descuido de um motorista de caminhão estacionado ao lado dele. O incidente é causado pelo aparecimento de um meio de transporte ainda pouco comum, um avião, que atrai a atenção dos trabalhadores na ribeira do rio portuense. Cortando entre planos do avião voando e dos olhares dos trabalhadores (inclusive do rapaz), detalhes dos gestos do motorista que está arrancando com o caminhão e *closes* de seus olhares para o céu, constrói-se o desleixo. Desatento, o motorista deixa rolar as rodas do caminhão para trás, empurrando assim o carro de boi. Quando freia, já é tarde demais: assustados, os bois começam a correr, seguidos pelo rapaz que, ao tentar controlá-los, cai e é atropelado por eles. Para dar ao acontecimento a conotação de força da natureza desenfreada, são intercalados imagens de ondas quebrando e, para aumentar a sensação de perigo na corrida, planos de apitos de navios.

No momento do clímax, quando o rapaz cai, vemos um *close* de uma mulher gritando, o que reforça o dramatismo. O acontecimento gera solidariedade: os trabalhadores abandonam seus lugares de trabalho para socorrê-lo. A desatenção e a "vida própria" da máquina e dos bois causam uma breve perda de ordem que culmina no gesto repreendedor e vingativo do rapaz que pega um pau para bater nos animais. Mas a ordem é reestabelecida quando um policial surge em câmera baixa, anunciado e acompanhado por planos de um apito de um navio e de uma locomotiva. O rapaz retorna em seguida para os bois e, arrependido, encosta o seu rosto num deles. O animal o lambe carinhosamente, enquanto os trabalhadores voltam ao seu trabalho pesado.

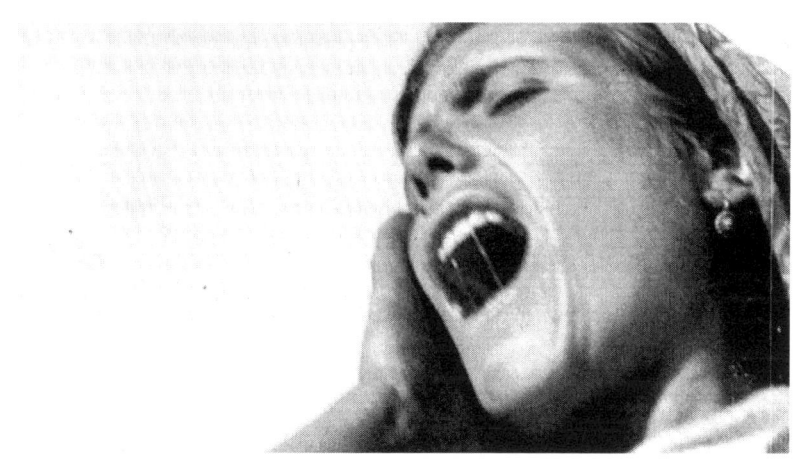

Figura 14: Fotograma do grito em *Douro, faina fluvial*

Nessa sequência, que demora apenas 90 segundos, mas que possui inúmeros planos que a despedaçam, está contida uma percepção do mundo em vias de industrialização que parte do princípio de que não há hierarquias, nem entre os diferentes meios de transporte que representam temporalidades diversas nem entre os elementos dos planos que compõem a sequência. Tanto boi quanto caminhão são imprevisíveis, e um plano de uma onda ou de um apito possui tanto potencial narrativo quanto uma sequência de planos que constrói uma história inteligível. O dissenso do filme diz respeito à glorificação da tecnologia como avanço da humanidade e se constrói através da experiência de um olhar duplo, atento aos avanços milagrosos da engenharia, mas também aos seus limites, que resultam do seu emprego humano, ou seja, são sujeitos ao acidental. A dimensão afetuosa entre homem e bicho, cujo relacionamento é selado pelos gestos mútuos, reforça esta leitura.

Acto da primavera

Com base nessa análise, é possível argumentar que o filme indisciplinar português já marcava presença no cinema mudo. Não há duvida, no entanto, de que o sonoro significou, mundialmente, um maior interesse na construção de narrativas sequenciais, bem como na classificação da nova arte em gêneros, para facilitar o seu consumo em massa. Em Portugal, a comédia musical e o filme rural foram os gêneros mais significativos. Mas os filmes dos anos 1930, inclusive o primeiro sonoro, A severa (1931), manifestam certa resistência a abrir mão do cinema como espaço de dissenso que revela a identidade dos contrários, principalmente aqueles realizados por Leitão de Barros, em que a autonomia da imagem convive com a exigência de contar uma história.

O cinema indisciplinar teve algumas aparições pontuais, sobretudo, através de curtas e médias-metragens de Manoel de Oliveira, como O pintor e a cidade (1956), O pão (1959), A caça (1964) e As pinturas do meu irmão Júlio (1965). Acto da primavera (1963) marca, aliás, a manifestação da indisciplinaridade em formato de longa-metragem. Deparamo-nos novamente com a copresença de temporalidades. Como expliquei no capítulo anterior, o cineasta assistiu à representação de um auto em Trás-os-Montes, com base no qual encenou com os aldeões uma versão diferente, que aproveita o original, mas o elabora, incluindo cenas contemporâneas que dialogam com o texto em que se baseia, o dramático-religioso *Auto da Paixão de Jesus Cristo*, fixado por Francisco Vaz de Guimarães no século XVI a partir dos Evangelhos. Há uma coexistência da razão dos fatos (a filmagem de uma encenação centenária) com a razão da ficção (as cenas em que os aldeões atuam), como também do cotidiano com o sagrado e do passado com o presente, principalmente no início e no final do filme, em que Oliveira estabelece um vínculo estreito entre a Paixão e a realidade da aldeia.

Retomo novamente o epílogo que se segue à cena da sepultura representada pelos aldeões para apontar em pormenor como Oliveira trabalha a questão da cotemporalidade. Na sequência já referida, a contemporaneidade irrompe com força na aldeia transmontana, associando diversos níveis temporais à representação do auto. A montagem de imagens de atualidades, com momentos de algumas das maiores guerras do século XX, incluindo a famosa cena da nuvem em forma de cogumelo da bomba atômica que é sobreposta ao rosto de Cristo. Essa atualização da "descida ao inferno", que marca a passagem para a ressurreição na Bíblia, relaciona através das imagens escolhidas o sofrimento das vítimas de guerra com o de Cristo. Consequentemente, a montagem não é apenas, como sugere Randal Johnson (2008, p. 93), um "comentário dos ideais cristãos e do mundo moderno",[9] mas, de fato, é a representação da possibilidade da repetição do milagre da ressurreição e, com ela, da redenção do ser humano no meio dos pecados e da devastação do mundo contemporâneo.

Isso fica evidente em dois momentos específicos. Primeiro, quando os aldeões, que leem no jornal uma notícia sobre a ameaça da bomba nuclear, no final da montagem, são interrompidos por um deles, que estava sendo barbeado. Ele anuncia, como se fosse novamente a representação do auto medieval, o retorno de Jesus.

---

9   Tradução do inglês pela autora.

Ao contrário do início do filme, em que Oliveira mostra-se dirigindo a filmagem, aqui, o processo da revelação da representação é invertido. Dentro da distanciação criada pela montagem, surge a construção de uma cena que imita a realidade dos aldeões e, nela, irrompe agora a "peça", que, paradoxalmente, se torna um anúncio que pode ser percebido pelos presentes como sendo parte da realidade, devido à transferência da representação do auto para a vida cotidiana da aldeia, mesmo que representada. O ficcional – claramente exposto – possui nesse momento específico a qualidade do real (no sentido literário e psicanalítico).

Figura 15: Fotograma de *Acto da primavera* (Manoel de Oliveira, 1962)

O segundo momento consiste na promessa simbólica da ressurreição através da imagem da árvore em flor que fecha a montagem das atualidades, indicando que o local remoto, onde os aldeões representam a cada ano o auto que Oliveira filma como representação, ocupa, na verdade, um espaço de copresença temporal. Esses aldeões surgem, portanto, como os verdadeiros representantes da Paixão; isto é, a preservação do auto medieval possui um poder "mágico": estamos num local permeado pelo universal, onde a presença divina de Cristo e a promessa da redenção foram conservadas em seu estado mais puro.

O filme é, de fato, sempre duas coisas ao mesmo tempo: uma leitura muito singular dos limites da representação, tema favorito do pós-modernismo lyotardiano, mas também a afirmação do cinema como véu de Verônica, em que se impregna a realidade no sentido baziniano. Só que não temos apenas a imagem de Cristo gravada na película cinematográfica, mas, devido à sua possível extensão temporal, toda a Paixão. Poucos filmes reinventaram a relação entre uma situação (a simples apresentação de um auto), a sua visibilidade (a exposição dos elementos anacrônicos dela, a sua filmagem e a sua relação com o mundo dito moderno) e a sua dimensão como pensamento, como este: é um filme sagrado que comete o sacrilégio de usar a indisciplinaridade cinematográfica para afirmar a presença de Cristo em Trás-os-Montes, bem como em todas as coisas.

Catembe

Enquanto os limites da condição humana, em seus desdobramentos metafísicos, sociais e históricos, servem como fio condutor de quase todos os filmes de Manoel de Oliveira, a geração seguinte preocupa-se principalmente com o impasse entre atividade e passividade ou, como diria o filósofo José Gil (2004), entre inscrição e não-inscrição na sociedade portuguesa da época. *Belarmino*, de Fernando Lopes, e *Verdes anos*, de Paulo Rocha, ambos de 1963, são os primeiros filmes a lidar com esse empate, e *Uma abelha na chuva* (1968-71), de Lopes, e *Brandos costumes* (1972-75), de Alberto Seixas Santos, serão as obras-primas desse momento. Há dois cineastas muitas vezes esquecidos nesse contexto: António de Macedo, cujo *Domingo à tarde* (1965) deveria constar aqui, bem como António Campos, o amador de Leiria, que fez, entre outros, *A invenção do amor* (1966), filme importante não apenas pela sua ousadia política mas também pela audácia ético-estética.

Outro filme singular e o único a ter sofrido cortes violentos é *Catembe* (1965), de Faria de Almeida.

Figura 16: Fotogramas de *Catembe* (Faria de Almeida, 1965)

A hipocrisia do olhar português sobre a África, patente em filmes como *Feitiço do império* (1940), de António Lopes Ribeiro, *Chaimite* (1953), de Jorge Brum do Canto, e *Chikwembo – sortilégio africano* (1953), de Carlos Marques, surge através da desconstrução de uma suposta reportagem sobre uma praia perto de Maputo, na altura chamava-se Lourenço Marques. Hoje, seria chamado de *mockumentary*. Estruturado através da montagem de acontecimentos cotidianos e de entrevistas ao longo de sete dias, o filme trilha um novo caminho para as sinfonias das metrópoles referenciadas acima.

O dissenso articulado pelo filme, que embaralha a razão dos fatos com a razão das ficções, incomodou profundamente, porque tornou perceptíveis as contradições do olhar e dos discursos oficiais sobre as províncias ultramarinas africanas. Embora o filme tenha sido financiado pelo fundo oficial do governo salazarista, o parecer da censura especifica os pontos de dissenso que tinham que ser eliminados:

> [...] II. A convivência racial é um tema francamente mal explorado. Não se poderá dizer que haja, a este respeito, imagens "muito convenientes" mas também se desaproveita a oportunidade de mostrar imagens "convenientes", aliás, relativamente fáceis de recolher (as escolas, liceus e actividades desportivas permitem, sempre, óptimas imagens quanto a este aspecto). Referem-se, porém, por parecerem de alguma inconveniência os aspectos seguintes: a) está dado, com demasiada nitidez, o contraste entre o "domingo" (o filme é repartido pelos sete dias da semana) – em que se demonstram o descanso e prazeres de "brancos" – e a "segunda-feira" que começa por mostrar o trabalho quase só de "pretos". A demasiada nitidez deste contraste pode ser "amaciada" com uma simples alteração de montagem, que o produtor se declara plenamente disposto a fazer. b) Cenas finais, passadas, em "cabarets" embora mostrando "brancos" e "pretos" parecem igualmente inconvenientes pois não se afigura que reflictam o melhor tipo de relações que podem estabelecer-se. c) O contraste entre a "opulência" da cidade e a "pobreza" de Catembe também deveria ser atenuada pelo texto – e não é (*apud* PIÇARRA, 2009, p. 241).

Mesmo com 103 cortes de censura, que diminuíram o filme de 80 para 47 minutos, a segunda versão da obra foi proibida. Não por acaso; na versão cortada – que pode ser vista, com um vídeo que contém os cortes, no ANIM (Arquivo Nacional da Imagem em Movimento), da Cinemateca Portuguesa –, é possível notar como Faria de Almeida torna perceptível a desconfiguração do suposto consenso sobre as colônias como lugar idílico. Um dos elementos mais fortes do filme é a música popular alegre, que cria um tom de deboche na tradição da montagem horizontal de Chris Marker. As sequências que mostram o lazer dos portugueses são exageradas e artificiais, quando comparadas com a realidade dos africanos, sejam eles trabalhadores na construção civil, sejam eles pescadores. Talvez a censura tenha impossibilitado que o trabalho se tornasse um dos filmes mais indisciplinares da ditadura, mas ele segue sendo certamente o mais irônico (característica inusitada no Novo Cinema português, fora os filmes de Manoel de Oliveira), o que lhe custou o direito de ser exibido.

Jaime

Dois cineastas incontornáveis daquilo que chamo de cinema indisciplinar são António Reis e Margarida Cordeiro, conhecidos internacionalmente através de *Trás-os-Montes* (1976). Comentarei *Jaime*, primeiro média-metragem realizado pela dupla (apesar de Reis aparecer como único diretor nos créditos), no ano da Revolução dos Cravos, 1974. Nesse momento de mudança de paradigma político, o filme participava ativamente da reconfiguração da percepção acerca de oposições binárias julgadas inquestionáveis durante o regime salazarista: a relação entre natureza e cultura, entre loucura e sanidade, entre mundo sagrado e profano.

O ponto de partida do filme são a vida e obra de Jaime Fernandes, um camponês beirão, nascido em 1900. Foi internado com esquizofrenia, aos 38 anos de idade, no Hospital Miguel Bombarda, em Lisboa, onde ficou longos 31 anos. Começou a desenhar obsessivamente três anos antes de morrer, em 1968.

Figura 17: Fotogramas de *Jaime* (António Reis, 1974) – desenhos e textos

Seus desenhos e textos de caráter gráfico, realizados com lápis e esferográfica em cadernos, possuem parentesco estilístico com a arte bruta, o fauvismo e o expressionismo. Um dos médicos reconheceu a qualidade deles, guardou alguns e os mostrou a António Reis.

No entanto, o filme não possui interesse nenhum em apenas reconstruir a vida ou a obra dessa figura anônima, que viveu afastada da sociedade quase metade da sua vida. *Jaime* conjuga planos filmados no asilo onde viveu grande parte da sua vida com imagens captadas em seu lugar de origem, o interior beirão, justapostas com planos que exploram seus desenhos e textos, para refletir sobre a relação entre esses lugares, o impulso criativo do artista e a escolha e a estética dos objetos de seus desenhos.

Para que o espectador possa contextualizar espaços e imagens, há um pequeno texto introdutório depois dos créditos sobre os dados biográficos referidos. Segue um recorte de uma fotografia de Jaime em sépia, que nos confronta com um olhar direto.

Figura 18: Fotograma da fotografia de Jaime no filme homônimo

O próximo plano é novamente um *close* – desta vez, de um dos textos dos cadernos. Através de uma máscara negra, são destacadas as palavras "Ninguém. Só eu". Fotografia e texto expressam logo nos primeiros segundos a identidade de contrários: a singularidade de cada um e também a sua insignificância. A mesma técnica da máscara, só em forma de íris, é utilizada para introduzir o hospital psiquiátrico, através de uma panorâmica que revela o pátio circular.

Figura 19: Fotograma de *Jaime* – pátio

A coloração das imagens imita o sépia da fotografia, remetendo assim ao passado. Mas o *insert* de um plano fechado de um arbusto colorido anuncia desde logo as sequências que mostrarão a paisagem do mundo rural de onde Jaime era oriundo. A sequência se estende ao longo de dez minutos, exibindo imagens dos internados, que caminham de um lado para o outro, fumam ou brincam com um gato.

Muitos dos enquadramentos revelam apenas partes ou sombras das pessoas que vivem da mesma maneira como vivia Jaime. De fato, cada plano remete à seletividade do olhar, sugerindo, desde o início, uma reflexão sobre a relação entre a realidade que nos cerca e as escolhas estéticas nas quais a interpretamos, seja através de planos cinematográficos, seja através de desenhos.

Figura 20: Fotograma de *Jaime* –homem e detalhes dele no pátio

Conhecemos primeiro o pátio e depois o interior do hospital, para, finalmente, vermos o exterior do prédio circular. No interior, a câmera na mão explora o espaço, mas enquadra também imagens que sugerem a presença ou a ausência dos reclusos através de planos que remetem à iconografia da natureza-morta. Esses detalhes apontam para um significado não revelado e chamam a atenção não só à materialidade do lugar mas também às histórias, como a de Jaime, que aconteceram ou estão se desenrolando nesse espaço.

Figura 21: Fotograma de *Jaime* – interior do hospital

A exploração do interior e a passagem para o exterior são acompanhadas por uma canção interpretada por Louis Armstrong, "St. James infirmary blues", na qual o narrador/cantor relata, ao passo de um ritmo quase fúnebre, que encontrou a amante morta no hospital, atribuindo assim um tom grave e desolado à cena, acrescentando sentimentos e referências sonoras às imagens.

Após obter uma noção do espaço hospitalar onde habitava Jaime, vemos no pátio, no centro do plano, um homem ao lado de uma fonte. Ele veste um gorro e um casaco grosso, enquanto os dois homens, à direita e à esquerda dele, estão vestidos como os internados que vimos antes. Quando ele levanta a mão, a porta do hospital se abre como se fosse por magia, e dela sai um médico, que vem ao encontro da câmera. É um momento que articula a copresença de temporalidades – o mundo pré-científico e o da ciência –, fazendo colapsar as fronteiras entre ambas (e que suscitam perguntas sobre a sua convivência).

A exploração desse tema estende-se para a sequência seguinte, que nos leva para o interior beirão. A câmera entra pela porta do hospital, onde foca uma bacia. Ouvimos o som de um vento forte, e a imagem corta para o interior de uma barca cheia de água que ecoa a forma da bacia. A partir desse momento, o filme mostrará, de modo intercalado e sem truques, o mundo rural e os desenhos e os textos de Jaime. O hospital aparece só duas vezes mais: através de documentos que diagnosticaram a doença de Jaime, exibidos com os textos e os desenhos, e na exposição de suas obras nas paredes brancas de uma das salas do espaço.

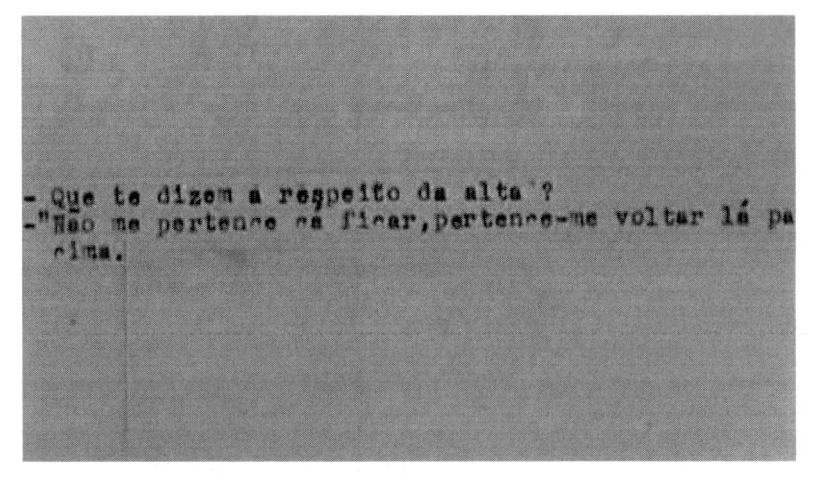

Figura 22: Fotograma de *Jaime* – apontamento médico

Não deixa de ser significativo que, para a câmera sair do hospital, onde a sociedade e a sua ciência enclausuram as pessoas, é preciso mais do que uma montagem cinematográfica – efetivamente, um gesto mágico – que possibilita o acesso ao mundo de origem de Jaime (que coincide com um retorno à natureza). Para Jaime, era claro que não devia pertencer ao hospital – pelo menos é isso que indica o cineasta através da reprodução de uma ficha médica.

Contudo, a natureza não é um lugar bucólico. Os planos mostram animais mortos, e o som do vento aponta para a força desenfreada dela. Essa heterogeneidade caracteriza também a exploração da obra de Jaime. Enquanto planos dos textos nos cadernos são acompanhados pela música suave de Georg Phillipp Telemann, o registro muda para a música atonal e conturbada de Karlheinz Stockhausen quando a câmera enquadra detalhes dos desenhos, revelando de forma fragmentada um vocabulário repetitivo: rostos e corpos de homens e de animais; formas geométricas que dialogam não só com os elementos arquitetônicos do hospital mas também com a materialidade do mundo rural.

A câmera funciona em relação aos quadros como um instrumento de exploração e de amplificação: *zooms in* e *out*, movimentos laterais, para cima e para baixo ou na diagonal, enquanto sombreamentos de partes dos textos destacam a materialidade deles. Vemos *closes* de rostos, de olhos de pessoas e de bichos, de círculos e de grades. Há, de fato, uma analogia entre a maneira como a câmera e a montagem estabelecem uma relação com a realidade, o potencial ficcional dela, e a maneira como os desenhos sugerem essa realidade.

António Reis inscreve o seu filme, desse modo, no mesmo regime estético ao qual associa as obras de Jaime. Por um lado, os recortes dos desenhos lembram objetos e figuras dos planos do hospital e do interior do país, que se revelam carregados de significado ou mesmo de pequenas ficções, sem que seja construída uma relação de causa e efeito. Por outro, o filme vai além da analogia e constrói planos que apresentam a presença bruta dos objetos como potencial de significação, ora no interior do hospital, ora no interior do país.

Figura 23: Fotograma de *Jaime – close* de desenho

Em uma sequência de planos, filmada na antiga casa de Jaime, que segue a primeira aproximação aos textos e desenhos, vemos, primeiro, um guarda-chuva aberto em cima de grãos de milho; no próximo plano, observa-se um baú aberto e, logo a seguir, vê-se uma máquina de costura cujo enquadramento remete ao segundo plano, com uma sombra indefinível pairando sobre ela.

A mesma máquina surge no plano seguinte como um objeto real; porém, as três maçãs penduradas perto da câmera fazem com que o plano tenha novamente uma dimensão simbólica, que introduz um elemento ficcional num contexto supostamente banal.

Figura 24: Fotograma de *Jaime* – interior da casa dele

No final do filme, a câmera percorre os desenhos expostos nas paredes do hospital, dando a eles o caráter de obras de arte em exposição. Vemos agora na íntegra os animais, individuais ou em grupos, e formas geométricas ou humanas, através de uma panorâmica lenta, primeiro para a direita e depois para a esquerda, que nos possibilita a apreciação e a contemplação do trabalho de Jaime.

Figura 25: Fotograma de *Jaime* – desenhos expostos

O último plano enquadra o desenho de uma ave em câmera baixa. A câmera desce e foca uma janela com grade, atrás da qual o céu está de um lilás luminoso. O último corte vai para uma fotografia de Jaime, já velho, olhando para o chão. Assim, o filme acaba como começa, com o reconhecimento da singularidade de uma pessoa capturada na foto. Singularidade essa que engloba agora a qualidade de Jaime como artista, remetendo, ainda, à condição de recluso na qual ele criou a sua arte.

Figura 26: Fotograma de *Jaime* – janela no final

Seria fácil pensar numa alegoria da repressão da ditadura através dessa personagem no asilo, mas o filme vai além dessa denúncia. A indisciplinaridade de *Jaime* consiste em não contar uma história sobre um beirão artista. Em vez disso, realça a relação entre a realidade e a expressão artística, lançando um olhar fragmentado sobre a materialidade do mundo. Com efeito, tudo conta algo sobre Jaime: o pátio, um talher em cima da mesa de um refeitório, uma máquina de costurar, os próprios textos e desenhos. São filmados os lugares onde viveu e que inspiraram a sua obra, mas nunca de forma documental. Assim, torna-se impossível avaliar a relação entre o diagnóstico da sua doença e os bichos e os homens que desenhou.

Há apenas pistas. Não há explicações, senão o registro de rastros que, em si, expressam a complexidade das relações entre vida e arte, reconfigurando nossa percepção acerca delas.

Conclusão

Procurei introduzir neste texto um novo conceito, o filme indisciplinar, que visa substituir o conceito de ensaio fílmico utilizado desde Eisenstein. Apresentei como argumentos a definição de Deleuze e Guattari do pensar artístico que torna desnecessário sublinhar a possibilidade de pensar através do cinema e a ativação do espectador através de estratégias de montagem assincrônicas, na subjetividade dos autores ou na autorreflexividade. Partindo da indisciplinaridade definida por Rancière, o debate acerca da relação entre realidade e ficção também pôde ser abandonado.

Aplicando o conceito ao cinema português, entendo como filme indisciplinar *Douro, faina fluvial*, de Manoel de Oliveira, no qual este se debruça sobre a cotemporalidade de formas de trabalho modernas e pré-modernas e sobre a relação paradoxal entre máquina e atuação humana, que se mantém imprevisível também na era da industrialização.

Acto da Primavera parte de uma cotemporalidade parecida, porém, foca a representação cinematográfica. A película registra tanto o físico quanto o metafísico: a representação de um auto e o divino do qual ele parte. Tanto apresenta a perspectiva de que tudo é apenas ficção (através dos espectadores do auto) quanto sugere que se trata de uma manifestação do sagrado e que a "ficção" da redenção é uma possibilidade.

Catembe, por sua vez, desvenda a ficção de uma África paradisíaca. Mesmo com os cortes da censura, o filme interroga o imaginário português acerca das províncias ultramarinas, convidando o espectador a perceber a complexidade da realidade moçambicana, usualmente ignorada pelas reportagens oficiais, que oferecem imagens artificiais de um mundo não existente. Os cortes já despontam a dimensão política do filme, cuja ironia indisciplinar era um dissenso inaceitável.

Como *Acto da Primavera*, simultaneamente "pós-moderno" e arcaico, *Jaime*, de António Reis e de Margarida Cordeiro, procura estabelecer relações entre a vida e a percepção dela em sua arte. O dissenso do filme diz respeito às noções acerca de sanidade e loucura, de cultura e natureza e de vida e arte. Revela a sensibilidade de Jaime e estimula a dos espectadores.

A minha amostra é pequena e abrange apenas quatro filmes portugueses, dos anos 1920 até a Revolução dos Cravos. Eles poderiam ser facilmente considerados filmes de autor ou mesmo ensaios fílmicos; porém, chamá-los de filmes indisciplinares evidencia que interrogam esteticamente o consenso do seu tempo acerca de questões políticas: em *Douro, faina fluvial*, a industrialização; em *Acto da Primavera*, o humanismo cristão numa sociedade em vias de secularização; em *Catembe*, a romantização do colonialismo e, em *Jaime*, a relação entre vida, arte e ciência por meio das concepções de loucura e sanidade.

Poderia afirmar que todos esses filmes pensam através de perceptos e afetos, mas isto significaria apenas que são obras da sétima arte. O que os diferencia é o seu afastamento do pensamento disciplinar: eles não definem fronteiras, mas pensam entre os saberes da história, da religião, da sociologia e da medicina. Nos filmes, não há conceitos definidos, nem fatos duros. Eles oferecem sobretudo experiências; experiências que incluem o diretor e o espectador. No caso do primeiro, isso ocorre porque ele procura uma abordagem que contempla a heterogeneidade do mundo, e, no caso do segundo, porque pode acompanhar de forma cognitiva e sensível o espaço entre as oposições binárias através das quais as ciências costumam construir as suas ficções.

Os descobrimentos do paradoxo: a expansão europeia nos filmes de Manoel de Oliveira[1]

Portugal sempre se imaginou como um país singular. Define-se como um pequeno reino em meados do século XII na península Ibérica dividida pela invasão islâmica e sobrevive, como profere Eduardo Lourenço (1999, p. 11), por "insólito milagre". Lourenço, um dos mais astutos pensadores sobre Portugal e sobre a sua cultura, observa que é raro um país sacralizar as suas origens como o fez o português, que, quando se inscreve na história como mitologia, torna-se "povo de Cristo, e não meramente cristão [...] numa constância e num fechamento sobre si mesmo de que só encontramos símil no povo judaico" (LOURENÇO, 1999, p. 12). Como fronteira da cristandade e lutando contra o Islã, assume uma imagem militante que "nunca mais se apagou" (LOURENÇO, 1999, p. 14). Os descobrimentos prolongam essa lógica, tendo como principal objetivo a continuação da reconquista e a cristianização dos povos muçulmanos, ou seja, do Norte da África que era outrora cristã. Mas a expansão portuguesa lhe altera significativamente a imagem, tornando o país num império – fato "ainda hoje insólito" (LOURENÇO, 1999, p. 16) –, que permanece, outra exceção europeia, na África até 1974 e na Ásia até a devolução de Macau, em 1999.

---

1   Este artigo foi publicado em uma versão ligeiramente diferente, mas com o mesmo título em JUNQUEIRA, Renata (org.), *Manoel de Oliveira: Uma presença*. São Paulo: Perspectiva, 2010, p. 117-146.

Manoel de Oliveira é não só o mais conhecido cineasta do seu país, embora muitas vezes incompreendido e nem sempre reconhecido, mas também um dos artistas que mais reflete sobre a identidade nacional. Portugal foi sempre tema de seus filmes, desde a discussão da relação especificamente portuguesa entre tradição e modernidade em seu primeiro documentário, *Douro, faina fluvial* (1931), analisado no capítulo anterior, até o penúltimo filme de ficção, novamente situado no Douro, *O estranho caso de Angélica* (2010).

A discussão explícita da história portuguesa, nomeadamente do seu desejo de expansão, colonização e formação de um império universal, se inicia, no entanto, apenas com *Le soulier de satin/O sapato de cetim* (1985). É a partir dessa obra magistral, adaptação da peça homônima de Paul Claudel, que dúvidas sobre a relação entre história, pátria, memória e ideologias religiosas e políticas associam-se às grandes interrogações da obra oliveiriana: a condição humana, a impossibilidade do amor físico e perguntas teosóficas, bem como a problemática da representação e do ato de filmar.

No total, são seis filmes que se debruçam sobre a história da expansão tanto portuguesa quanto europeia e que levam também em consideração os atuais desejos imperialistas da União Europeia e dos Estados Unidos da América. *Le soulier de satin*, dedicado ao primeiro século de expansão após os descobrimentos, surge um pouco mais de dez anos após o final do império português e um ano antes de Portugal entrar na Comunidade Europeia. Cinco anos mais tarde segue *Non ou a vã glória de mandar* (1990), projeto do diretor desde a Revolução de 1974, que parte da Guerra Colonial na África para contar a história portuguesa como uma sucessão de fracassos do sonho imperial. No novo milênio, o interesse intensifica-se através de três filmes: *Palavra e utopia* (2000), que conta no ano do cinquentenário do "descobrimento" do Brasil a vida do padre António Vieira através da sua obra; *Um filme falado* (2003), marcado pelo trauma do ataque terrorista em 11 de setembro de 2001, demonstra os perigos que as viagens de descobrimento possuem nos tempos atuais; e *O quinto império – ontem como hoje* (2004), que denuncia a continuação do desejo disparatado de expansão no Norte da África; enquanto o último filme sobre a temática, *Cristóvão Colombo – o enigma* (2007), assume uma postura patriótica em sugerir que Colombo faz parte da ilustre lista dos grandes descobridores portugueses.

Característicos das dúvidas e inquietações do mestre português, nesses filmes não existe reflexão sobre os descobrimentos, sobre a expansão europeia, sobre a catequização e a colonização de outros povos, sobre o imperialismo e sobre a utopia do Quinto Império que se repita ou que chegue exatamente às mesmas conclusões ou sugestões, seja em nível conceitual, seja esteticamente. Mas, paradoxalmente, a habitual irreverência do diretor encontra nos filmes sobre a pátria algumas limitações, sobretudo no que diz respeito ao dissenso que ele costuma estabelecer sobre outros temas. Por isso, a hipótese que guia este capítulo é a de que Oliveira, embora siga o seu caminho de relacionar política e estética, entra em contradições quando se trata de falar sobre o próprio país, porque o dissenso sobre certos aspectos entra em confronto com a reafirmação de velhos mitos acerca da singularidade de Portugal.

Para poder perceber essas contradições, antes de traçar o trajeto e os meandros das embarcações oliveirianas na procura dos conceitos-chave da identidade portuguesa, esboçarei brevemente as definições existentes mais importantes.

Identidade portuguesa

Sem pôr em dúvida os feitos dos navegadores portugueses, estudos mais recentes têm vindo a denunciar que a historiografia dos descobrimentos foi escrita sob a perspectiva de um "descobrir para a Europa" (BROCKHAUS, 1984, p. 75), resultado também da ausência de obras histórico-críticas sobre as descobertas realizadas por outras culturas. A história dos descobrimentos portugueses se inicia habitualmente com a conquista de Ceuta, em 1415, da qual João I e o seu filho Henrique, o Navegador, foram os impulsionadores. Existe consenso sobre o fato de que a exploração do litoral africano era uma continuação da reconquista com outros meios, mas observa-se também que esses motivos religiosos foram rapidamente substituídos pelas necessidades econômicas: a procura e o comércio de especiarias com a Ásia. O projeto nacional que se concentrara primeiro no Norte da África sofreu alterações e estendeu-se, após a passagem pelo Cabo da Boa Esperança, à descoberta das ilhas da Madeira, dos Açores, das Canárias e de Cabo Verde e ao encontro do caminho até a Índia, bem como à circunavegação do mundo e ao "descobrimento" do Brasil, incluindo ainda a chegada à Ásia (China e Japão).

Como resultado das suas aventuras marítimas, Portugal tornou-se o primeiro e mais duradouro império europeu. Edward Said (1993, p. 8), figura mandatória para a compreensão da relação entre imperialismo e cultura, define o imperialismo como "a prática, a teoria, e as atitudes por parte de um centro metropolitano dominante que governa um território distante", e o colonialismo, "que é quase sempre uma consequência do imperialismo", como "a implementação de povoamentos no território distante". Com efeito, o empreendimento do imperialismo "depende da ideia de ter um império [...] e todo tipo de preparativos são feitos para ele por parte da cultura"; dessa forma, "o imperialismo adquire um forma de coerência, um conjunto de experiências, e a presença dos governadores e governados na cultura" (SAID, 1993, p. 10).

Reencontramos o argumento de Said – de que a cultura serve como fonte de identidade e participa da formação da atitude e do processo imperial – na afirmação de Lourenço de que *Os lusíadas*, de Luís de Camões, que consagram os feitos marítimos, sobretudo a viagem à Índia de Vasco da Gama, servem como referência máxima da identidade nacional lusa. Isso se deu num momento em que a corte portuguesa fugia das forças napoleônicas para o Brasil, deslocando o seu império para fora da Europa:

> É a este título que, com a maior naturalidade, Camões
> se torna objecto das nossas paixões nacionais, que são
> menos literárias ou culturais do que ideológicas, pa-
> trióticas, cívicas e por vezes partidárias. Se ainda hoje,
> um pouco por toda a parte, as associações de emigran-
> tes portugueses se colocam sob a égide de Camões, isso
> deve-se a este incrível processo de mitificação e, pode
> mesmo dizer-se, de divinização do sentimento nacio-
> nal que se dá no primeiro quartel do século XIX. O que
> até então mais não era do que um livro, entre todos
> glorioso, decerto, torna-se o Livro, o breviário do sen-
> timento exaltado da nossa identidade num momento
> dramático da nossa história (LOURENÇO, 1993, p. 147).

A lista de autores portugueses que exaltam a história dos descobrimentos e insistem na subsequente identidade imperial portuguesa é longa. Destaco apenas outra figura que procura eternizar a "aventura descobridora e missionária" (LOURENÇO, 1993, p. 12) do país: o padre António Vieira. Sacerdote e orador, natural de Lisboa, partiu para o Brasil com a família aos seis anos de idade. A sua profecia da restauração da grandeza de Portugal nasce num momento de crise e incerteza política, quando a morte do rei João IV ameaçava novamente a recém-reconquistada independência da Espanha. Vieira usou e expandiu a tradição sebastianista desenvolvida nas *Trovas* do sapateiro e poeta Gonçalo Anes (Bandarra, 1500-1545), que já previa o retorno de um rei salvador, "encoberto" e "desejado". Dom Sebastião, que desaparecera sem deixar um herdeiro na batalha de Alcácer Quibir, no Marrocos, numa campanha de expansão e de conversão dos "infiéis", foi o primeiro rei ao qual foram atribuídas essas qualidades, principalmente por Portugal ter perdido a sua coroa para a Espanha com o seu desaparecimento. A profecia de Vieira combinou o sebastianismo com as crenças messiânicas do judaísmo relacionadas com o Quinto Império e sugeriu, pela primeira vez, no dia 1º de janeiro de 1642, que o seu benfeitor Dom João IV fosse o rei encoberto. A ressurreição dele iniciaria um império universal, coincidindo com o final do reino otomano, e daria lugar ao reino cristão na terra, que teria o rei português como o seu soberano, o papa como o seu sacerdote e a fé católica como a sua única crença (ver SARAIVA, 1992, p. 77).

Por alterar o protagonista da profecia de acordo com as suas necessidades políticas, ou seja, o soberano no poder, pesquisadores como José Eduardo Reis (s/d) interrogam a dimensão algo bizarra e contraditória dos ensinamentos do ilustre padre. Porta-voz do "povo de Cristo", a profecia também possui o seu lado anti-islâmico, explicado por Adma Fadul Muhana (1994, p. XIX) através da ameaça que o Islã sempre representara para a Igreja Ocidental – com o qual Portugal fazia fronteira na península, como já referido.

Contudo, as ideias de Vieira apresentavam um lado heterodoxo, por questionar crenças dogmáticas da Igreja Católica que defendiam que o Quinto Império seria o reino do anticristo; o que resultou na acusação de heresia pela Inquisição portuguesa, no encarceramento do padre e num processo em que foi considerado culpado e condenado a ser castigado com as mais graves penas.

Para Lourenço (1999, p. 20), a profecia de Vieira foi elementar na construção de "uma nação literalmente eleita", cuja visão era inspirada no paradoxo da existência humana que se encontra fora do domínio dos imperativos da temporalidade:

> Antônio Vieira não era um louco rematado, antes um sagaz observador do mundo, diplomata insigne com o seu quê de maquiavélico, entenda-se, ao serviço de causa em si boa, como é próprio de um eminente jesuíta. A sua visão, de forte inspiração bíblica, constitui um todo. Não há outro código para decifrar os aparentemente contraditórios e até perturbantes acontecimentos de um mundo criado por Deus e governado pela sua Providência além do texto bíblico (LOURENÇO, 1999, p. 20).

Apesar da memória e do futuro sacralizados, seja por Camões, seja pelas profecias do sebastianismo e do Quinto Império, Portugal surge após a Revolução dos Cravos desencantado com o seu império. Boaventura Souza Santos, um dos mais agudos críticos do passado colonial, olha para a história e, em vez de esplendor, encontra um passado colonial subalterno:

> A subalternidade do colonialismo português é dupla, porque ocorre tanto no domínio das práticas coloniais, como no dos discursos coloniais. No domínio das práticas, a subalternidade está no facto de Portugal, enquanto país semiperiférico, ter sido ele próprio, durante um longo período, um país dependente da Inglaterra, em certos momentos, quase uma "colônia informal" da Inglaterra. [...] Nos domínio dos discursos coloniais, a subalternidade do colonialismo português reside no facto de, a partir do século VII, a história do colonialismo ter sido escrita em inglês e não em português. Isto significa que o colonizador português tem um problema de auto-representação algo semelhante ao do colonizado pelo colonialismo britânico (SANTOS, 2001, p. 26).

Semiperiférica e subalterna, a identidade portuguesa do pós--colonialismo não corresponde mais à imagem sacralizada dos tempos imperiais. Vistos sob uma nova ótica, a do anticolonialismo, colonizador e colonizado demonstram agora outra face, cuja interdependência Santos denomina de interidentidade, usando os protagonistas shakespearianos da *Tempestade*, Próspero e Caliban, para ilustrá-la. Colonizador incompetente e marginalizado na Europa, adepto do paternalismo, da cafrealização[2] e da miscigenação, o Próspero calibanizado deixa ao colonizado, como legado, uma percepção ambivalente de si mesmo: "Um Próspero tão difuso até se

---

2 Boaventura Sousa Santos (2001, p. 54) explica: "é uma designação oitocentista utilizada para caracterizar de uma maneira estigmatizante os Portugueses que, sobretudo na África Oriental, se desvinculavam da sua cultura e do seu estatuto civilizado para adoptarem os modos de viver e pensar dos cafres, os negros agora transformados em primitivos e selvagens".

confundir por vezes com Caliban não podia senão confundir este último, baralhar-lhe a identidade e bloquear-lhe a vontade emancipatória" (SANTOS, 2001, p. 77).

Todos os grandes mitos da colonização, como o encontro pacífico entre diversas raças e culturas, edificados ainda mais durante o regime totalitário do Estado Novo[3] e que resultam da interpretação dos descobrimentos como empreendimento sublime e humanista, se não divino, caem por terra. Perante os desafios da integração europeia e da globalização econômica, o relacionamento com o mundo, que, de acordo com a mitologia lusa, Portugal descobrira e unira, precisa ser reformulado. Nas sábias palavras de Lourenço (1999, p. 83):

> Saído de ilusões da mesma ordem, povo missionário de um planeta que se missiona sozinho, confinado no modesto canto de onde saímos para ver e saber que há um só mundo, Portugal está agora em situação de se aceitar tal como foi e é, apenas um povo entre os povos. Que deu a volta ao mundo para tomar a medida da sua maravilhosa imperfeição.

Abordarei a seguir como Manoel de Oliveira dialoga com esses mitos e as críticas a eles, e que imaginário desenvolve para o presente e para o futuro do seu país.

---

3   Baseado no conceito do "lusotropicalismo" de Gilberto Freyre, o ditador António de Oliveira Salazar proferiu uma palestra na qual descrevia Portugal como "uma nação compósita euro-africana e euro-asiática [que], estendendo--se por espaços livres ou desaproveitados, pretendeu imprimir aos povos conceitos muito diversos dos que depois caracterizaram outros tipos de colonização" (PINTO, 2001, p. 45).

Os filmes

Le soulier de satin

Figura 27: Capa de DVD *de Le soulier de satin* (Manoel de Oliveira, 1986)

Não parece coincidência que *Le soulier de satin*, uma coprodução luso-germano-francesa filmada em francês e até hoje sem distribuição comercial em Portugal, surja um ano antes da adesão portuguesa à Comunidade Europeia, em 1986. Último filme da tetralogia sobre os "amores impossíveis", a história sobre a irrealizável união física entre Dom Rodrigue, o vice-rei espanhol da América do Sul, e Dona Prouhèze, casada com um conselheiro do rei, é uma alegoria do fracasso das tentativas de erguer impérios seculares na Europa do primeiro século dos descobrimentos e uma demonstração das rivalidades que resultaram deles.

A perdição do amor é equivalente à da nação. Esta última comprova-se também na divisão da Europa, onde os diferentes países (Espanha, Inglaterra, Áustria e França) disputam o domínio do mundo, fracassando assim em lutar contra os turcos otomanos que a ameaçam. No palco que é o mundo, a ganância torna o homem incapaz de fraternidade e destina-o à queda quando procura igualar-se a Deus. O verdadeiro império encontra-se fora da história; e o homem alcança-o apenas quando se coloca ao serviço de Deus através da renúncia simbólica ao amor físico.

Para contar essa história, Oliveira segue a peça do convicto católico Claudel, ao longo de 400 minutos, palavra por palavra, embora introduza uma cena que acentua ainda mais a sua crítica à Europa, isto é, principalmente à Espanha, que nessa época não só liderava os esforços europeus de colonização mas também governava Portugal. No entanto, em nível estético, Oliveira não é apenas "capaz de absorver por completo o teatro de Claudel, sem negar-se a si mesmo", e de "visualizar o legível na leitura [cinematográfica], finalmente, torna a si, sem sacrificar – em contraste com o texto literário – o seu carácter mimético" (BALCZUWEIT, 2007, p. 190). A cenografia consiste em *tableaux* pintados como se de um palco se tratasse, filmados em planos fixos e demorados; e os atores representam e falam frontalmente para a câmera, se aproximam ou se afastam dela, substituindo o campo/contracampo cinematográfico e deslocando assim o corte para dentro do enquadramento:

Assim, a superfície plana do ecrã marca, por um lado, o limite interior no qual o tema se materializa da ausência para a presença. No cinema de Oliveira, este ecrã mantém-se, ao mesmo tempo, como limite exterior que reflecte que o problema forma do drama (de leitura) claudeliano é constitutivo para o cinema. [...] A contradição entre a *omnivoyance*, a possibilidade de ver tudo, considerada uma especificidade do cinema desde os seus inícios, e a perspectiva implícita no sistema de óptica é assim dissolvida. Existe apenas um ponto de vista da câmera que, entretanto, não se deixa mais localizar: é aquele através do qual todos os aspectos do enquadramento são abolidos [...]. A câmara é o projector, e o seu olhar é projectivo e criativo, não reproductivo. Em perfeita sintonia com as intenções de Claudel, a câmera é, por assim dizer, o olhar de Deus (BALCZUWEIT, 2007, p. 187-188).

A última cena, aliás, renuncia a essa perspectiva divina e regressa ao olhar humano: a câmera que acabou de mostrar Rodrigue sendo vendido como escravo para uma freira recua para revelar o estúdio onde a cena foi filmada. Apesar de expressar também o olhar divino de acordo com a visão claudeliana, nesse momento Oliveira desvenda a dimensão humana e mediada dessa mesma visão. Desse modo, consegue expressar através da câmera o paradoxo da existência humana que resulta dos desejos da existência material e das obrigações da existência espiritual, enquanto no plano divino da salvação pecado e culpa surgem como instrumentos. O filme não fala por acaso do limite da representação estética, seja na cenografia, seja na atuação dos atores, seja nos planos. Tudo é exposto em sua teatralidade, porque o limite da representação é análogo aos limites do ser humano.

Essa censura da ambição imperialista humana revela uma visão negativa da expansão europeia que surge após os descobrimentos das Américas e das conquistas do Norte da África, incluindo ainda a perda da independência de Portugal, que passa a ser governado pela Espanha. São apontados dois caminhos através dos quais seria possível ultrapassar o paradoxo da existência humana: Rodrigue e Dona Prouhèze serão recompensados fora da história pela sua abdicação ao amor físico, enquanto Marie des Sept-Épées, filha que Prouhèze entregara a Rodrigue, se une ao rei da Áustria, num projeto religioso de combater os turcos muçulmanos, unindo assim o amor ao serviço a Deus.

Figura 28: Fotograma de *Le soulier de satin* – os descobridores

Não obstante a perspectiva crítica em relação ao imperialismo europeu e a denúncia da relação entre descobrimentos, expansão e cobiça, é possível detectar um resíduo das ideias do Quinto Império não só na peça de Claudel mas também no filme de Oliveira. A afinidade consiste, de forma inofensiva, por um lado, na visão cristã do mundo e na afirmação do paradoxo da existência humana e, por outro, na militante luta contra o Islã como forma de servir a Deus. A inclusão da cena sobre Portugal é ainda reveladora, no sentido de que sugere que o país é naquele momento vítima e não participa das aspirações mundanas e imperialistas dos outros países europeus. Portanto, há tanto consenso sobre os mitos a respeito da identidade portuguesa como "Povo de Cristo" quanto dissenso sobre o projeto colonialista.

Non ou a vã glória de mandar

Cinco anos mais tarde, em 1990, Portugal assume o papel principal no filme *Non ou a vã glória de mandar*, e a perspectiva sobre a sua responsabilidade como nação imperialista muda completamente. *Non* é uma das poucas produções cinematográficas portuguesas que falam sobre a Guerra Colonial na África (ou, do lado africano, guerra de independência, de 1961-1974)[4] e, como afirma o seu diretor, é provavelmente o filme mais crítico sobre a história e o imperialismo de Portugal realizado por um português: "NON consiste em pegar nos Lusíadas do avesso. É o momento em que se desarma a festa" (OLIVEIRA *apud* BAECQUE, 1999, p. 188). Todavia, ao lembrar os descobrimentos portugueses, o balanço do passado não é totalmente negativo.

O filme é estruturado através de sequências durante a Guerra Colonial, protagonizadas por um alferes/historiador, e *flashbacks* para episódios históricos de fracasso que desmitificam o desejo imperialista português de expansão na península Ibérica e no Norte da África. Dessa forma, da resistência de Viriato, chefe heroico dos lusitanos e progenitor da nação portuguesa, contra o império romano, mostra-se apenas o seu assassinato; da batalha de Toro, na qual Afonso V tentou conquistar o trono de Castela, vê-se uma sequência ridícula de recuperação da bandeira; do casamento do príncipe herdeiro Dom Afonso com a herdeira do trono castelhano, Isabel, conta-se a morte do príncipe, o que que derruba as ambições políticas do seu pai, Dom João II; da batalha de Alcácer Quibir, na qual desaparece Dom Sebastião, mostra-se uma visão pouco gloriosa; e,

---

4 Ver Ferreira (2005a, 2005b; 2012).

fechando a viagem pela história, da morte do alferes/historiador cria-se a analogia com o 25 de Abril, dia da revolução, que põe fim à história colonialista.

Cada um desses episódios realça esteticamente o quanto os esforços de expansão eram grotescos e absurdos. Um bom exemplo é a batalha de Alcácer Quibir, em que os soldados de Dom Sebastião caem como pinos de boliche, porque o rei acredita tanto em sua missão divina que não ordena o sinal de ataque. Encontram-se inúmeros planos metafóricos que denunciam a devastação dos sonhos de um Portugal glorioso: o plano grande do povo quando olha para as cinzas de Viriato; na batalha de Toro, a tentativa do famoso Decepado, Dom Duarte, de segurar a bandeira portuguesa com a boca após ter perdido as duas mãos durante o esforço; o *close* do olhar de Afonso V para a bandeira portuguesa após a morte do filho etc.

Figura 29: Fotograma de *Non ou a vã glória de mandar* (Manoel de Oliveira, 1995) – Ilha dos Amores

Além dos episódios históricos, existe um ficcional, retirado dos próprios *Lusíadas*, de Camões, o Canto IX, a "Ilha dos Amores". Esse canto descreve a recompensa dada pelos deuses aos descobridores.

Apesar da afirmação de Oliveira acima referida de que a sua intenção era colocar *Os Lusíadas* de cabeça para baixo, essa parte do filme o desmente: a adaptação é uma versão idílica da descrição esplendorosa de Camões, mas permanece fiel ao seu espírito. Assim, o episódio é não só um contraponto às sucessivas derrotas mas também uma afirmação da "dádiva" que os portugueses deram ao mundo e pela qual merecem reconhecimento divino.

Entretanto, no final de *Non*, quando o Alferes morre no hospital depois de ter matado um guerrilheiro africano e, refletindo sobre o seu ato, ter sido atingido também por uma bala, Oliveira derruba a mitologia sebastianista, como o faz também na cena sobre Alcácer Quibir. Dom Sebastião aparece momentos antes da sua morte ao alferes, que serve como alegoria do império português, surgindo da neblina, como profetizara Bandarra.

Figura 30: Fotograma de *Non ou a vã glória de mandar* – Dom Sebastião

Virando a espada, ele a segura como se fosse uma cruz. O sangue que sai das suas mãos quando aperta a espada é o sangue que o alferes vomita no plano seguinte. É um momento de grande ambivalência:

ao mesmo tempo em que Dom Sebastião, ou seja, a ideologia de que Portugal foi eleito para liderar um império universal cristão, é acusado de automutilação e responsabilizado pela morte do alferes, subsiste ainda a simbologia cristã. A despeito de trazer a destruição, Dom Sebastião é também agente do novo, da ressurreição da nação após a Revolução dos Cravos.

Tanto essa cena quanto o episódio sobre a glorificação dos descobrimentos são paradoxais: em nenhum momento Portugal deixa de ser singular e um povo eleito, permanecendo o povo de Cristo que se erguerá de novo. Embora o paradoxo da existência humana reapareça novamente como resultado das ambições desmedidas de alguns homens (Alfonso V e Dom Sebastião), é ultrapassado pelos feitos a serviço de Deus, realizados pelos descobridores (Vasco da Gama). Em *Non*, Oliveira não reconhece a relação entre os descobrimentos e a expansão portuguesa, contrariamente ao que faz em *Le soulier de satin*, em que existe uma clara relação entre o descobrimento do Novo Mundo e os desejos gananciosos imperialistas. Mas naquela altura Portugal não era mais agente e, portanto, não era um daqueles que praticavam a expansão.

Palavra e utopia

Durante a década de 1990, nenhum filme de Oliveira debruça-se sobre os descobrimentos ou sobre a expansão portuguesa, apesar de todos os trabalhos realizados lidarem com a identidade nacional de uma forma ou outra, sendo *A carta* (1999) talvez a única exceção. No aniversário dos 500 anos do "descobrimento" do Brasil, Oliveira participa dos eventos comemorativos com uma coprodução entre Portugal, França, Brasil e Espanha que reconstrói, através dos sermões e das cartas, a vida do padre António Vieira, uma das figuras religiosas mais célebres do mundo lusófono e da catequização brasileira, e o faz sem apresentar uma visão crítica da colonização. O filme é um tributo a um grande português muitas vezes difamado em seu próprio país, porém, reconhecido mundo afora pela sua autoridade como orador e diplomata e por ter sido partidário de uma colonização humanista e cristã. Não é por acaso que Manoel de Oliveira se sentiu atraído por essa figura ímpar.

Palavra e utopia se inicia com Vieira acusado pela Inquisição em 1663, construindo assim o religioso, desde a primeira cena, como vítima das manobras de poder, primeiro dessa instituição e, mais tarde, de outros representantes do clero e do reino. Após essa sequência inicial, um *flashback* leva o espectador de volta ao Brasil de 1625, onde o jovem padre Vieira faz os seus votos de obediência, jurando também que se dedicará à salvação dos índios. Ao longo da narrativa, que passa a seguir a ordem cronológica dos eventos mais importantes da sua vida, Vieira é retratado como um defensor dos fracos e dos marginalizados: no Brasil, dos índios e dos escravos africanos e depois, no contexto europeu, dos judeus ou dos novos cristãos. O filme destaca ainda o reconhecimento de Vieira por parte de soberanos que representam o bem, ou seja, o rei Dom João IV, a rainha Cristina da Suécia, os clérigos em Roma e o papa.

Apesar da importância que a acusação pela Inquisição possui na construção do personagem, o filme oferece uma visão quase confusa do imaginário do Quinto Império desenvolvido por Vieira. Uma das cenas centrais de *Palavra e utopia*, a acusação detalhada de heresia, é reveladora em relação ao retrato paradoxal das ideias vieirenses sobre o Quinto Império. Nessa cena, um representante da Inquisição lê a acusação, reproduzindo corretamente as ideias centrais da profecia como podem ser lidas, por exemplo, em seu livro *História do futuro*. Oliveira usa para a acusação um plano médio do inquisidor em perfil, que se encontra abaixo de um Cristo na cruz, em segundo plano. A cena termina com a condenação de Vieira e a resposta dele de que o libelo da Inquisição apenas referiu o que se supõe que ele tenha dito ou pensado dizer, de forma "universal e vaga", e que ele terá que responder em "mui larga escritura" para esclarecer melhor a sua profecia. O último plano da cena enquadra o Cristo na cruz frontalmente. Para fortalecer as características positivas do herói do filme e a sua posição como vítima, Vieira é mostrado logo a seguir em seu cela, onde escreve uma carta em sua defesa. Nela, ele acusa a Inquisição de opor-se à "conservação, perpetuação e exaltação do reino de Portugal" e de interpretar as suas ideias de forma errada. Entretanto, a instituição não apresentou na cena anterior uma visão falsificada da profecia: ela fez um resumo das ideias centrais e discorda delas. Para o espectador que conhece a profecia, a resposta de Vieira é na verdade uma negação das suas próprias palavras; para aquele que não a conhece, a profecia parece ser uma apresentação errônea por parte da Inquisição, deixando em aberto em que de fato ela consistia. Em ambos os casos, segue-se uma aprovação divina das palavras de defesa proferidas por Vieira. Essa interpretação oferece-se pelo menos através do plano do Cristo na cruz, que dá a última "palavra" à condenação. A cena acusa a Inquisição de não representar Cristo, mas não só; Vieira possui em ambos os casos a razão, seja negando a versão do Quinto Império por parte da Inquisição, seja negando meramente a acusação.

Também não existe nenhuma crítica ao Quinto Império ao longo do filme, em que toda a obra de Vieira – sermões, cartas e profecia – é apresentada como sendo ainda um exemplo válido, um caminho construtivo para criar um convívio harmonioso entre as diferentes raças do mundo, sob a proteção de Portugal e daqueles que representam a verdadeira Igreja Católica (em oposição ao comportamento desacertado e impróprio da Inquisição e dos colonizadores). O fato de Vieira ter sido, como missionário, também agente da colonização não surge em momento algum; pelo contrário: a posição paternalista e lusotropicalista é afirmada em algumas situações em que os escravos e os índios aparecem como ouvintes atentos dos seus sermões.

De um modo geral, é sugerido que a expansão colonialista só se torna um erro quando não é exercida de acordo com uma visão humanista e verdadeiramente cristã, seguindo apenas interesses econômicos, como ocorre no caso dos nobres portugueses que o padre acusa de corrupção e exploração. A relação entre interesses religiosos e econômicos, bem como a relação entre catequização e colonização, palavra e ação, não são contempladas. O império da palavra não é suspeito, porque provém de inspiração divina.

Como é frequente em seus filmes, Oliveira não encena os sermões e as cartas, mas lê os textos como partituras, porque "os livros em sua forma concreta de linguagem, ou seja, as qualidades formais do material da linguagem, em vez do enredo ou da história, constituem o verdadeiro objeto dos filmes" (BALCZUWEIT, 2007, p. 183). Dessa forma, o poder da palavra é afirmado não apenas através do seu significado, mas também pela sua beleza e pela sua sonoridade.

Em *Palavra e utopia*, interferem dois elementos na leitura da partitura: por um lado, a dimensão ideológica dos diálogos e das cartas sobre o Quinto Império e, por outro, a extrema simplicidade da narrativa visual. Esteticamente, o filme concentra-se na representação de atividades relacionadas com a produção e com a recepção de textos: em atos de escrever, de ler e de orar, bem como de ouvir e de acusar. Assim, *Palavra e utopia* dá uma voz às cartas, às ideias e aos sermões do padre António Vieira através de uma *mise-en-scène* simples, em que predominam a composição ordenada nos enquadramentos, a falta de movimento da câmera, os planos demorados e o uso repetitivo de imagens e intertítulos para introduzir os diversos lugares. Ou seja, a maior parte das cenas mostra um dos três diferentes atores que interpretam Vieira pregando, lendo ou escrevendo – do púlpito, em seus diversos quartos, nas celas onde é encarcerado –, ou os seus diversos espectadores atentos – os representantes da Inquisição, os índios, os escravos africanos, os reis, as rainhas e os nobres.

Como em outras adaptações literárias, o filme possui novamente, como diria Balczuweit (2007, p. 185), uma função da leitura dos textos de Vieira que se iguala a uma orquestração. Essa orquestração é construída em cima de dois tipos de dialética, ambas consequências da montagem cinematográfica. Por um lado, a montagem dos atos de falar com os atos de ouvir, realçando a capacidade das palavras de disputar – de forma racional – ideias, de impressionar um público ou de convencer um adversário; por outro lado, a montagem dos atos de falar com planos de artefatos culturais – pinturas, esculturas e planos detalhados de igrejas – que contextualizam, afirmam ou contradizem a palavra falada.

Figura 31: Fotograma de *Palavra e utopia* (Manoel de Oliveira, 2000) – padre António Vieira

Nesse segundo tipo de montagem, a simbologia religiosa é assídua, particularmente no primeiro terço do filme, em que Oliveira corta diversas vezes para imagens de Cristo na cruz, depois de mostrar personagens que sofrem injustiças, como um padre no Brasil no momento da invasão holandesa. Através de imagens que insinuam a presença divina e constroem a impressão de consentimento celeste nas palavras e nos atos de quem as profere ou realiza e de proteção sobre elas, salienta-se o lado mais místico da fé católica.

Palavra e utopia é também um dos poucos filmes do cineasta isento de um protagonista que se debate com o paradoxo da existência humana. Enquanto *Le soulier de satin* e *Non ou a vã glória de mandar* possuem, no contexto do surgimento do imperialismo europeu moderno, personagens que exemplificam o paradoxo dos desejos mundanos, em *Palavra e utopia* Antônio Vieira acusa, com efeito, os outros – a Inquisição e os colonizadores – de representar esse paradoxo. Deste modo, o filme de Oliveira consagra novamente a obra do padre, fundamental para a construção do imaginário do povo português como povo eleito e povo de Cristo, do mesmo modo que *Os Lusíadas* consagraram os feitos dos descobrimentos. O título é, assim, nada literal: a palavra de Vieira é de fato uma utopia, novamente no sentido blochiano discutido no primeiro capítulo.

Um filme falado

Filmado apenas três anos depois de *Palavra e utopia*, porém após o choque que o ataque terrorista de 11 de setembro de 2001 em Nova York provocou no Ocidente, *Um filme falado* regressa à temática dos descobrimentos e do imperialismo, mas concentra-se, desta vez, no conflito entre as culturas e as religiões. Parecido com *Non*, o filme usa uma historiadora portuguesa que serve como guia pelo Mediterrâneo num cruzeiro que deveria terminar em Bombaim, na Índia. Porém, a viagem termina de forma trágica, para expressar preocupações do cineasta em relação às ameaças ao futuro da Europa.

A viagem toma o caminho que Vasco da Gama evitara séculos antes, fazendo com que ele descobrisse a passagem marítima para a Índia, o que possibilitou que o monopólio de comércio com a Ásia que a República da Veneza mantinha sobre as rotas que se iniciavam no Mediterrâneo pudesse ser quebrado. Saindo de Lisboa na neblina e lembrando a promessa do retorno de Dom Sebastião, a historiadora tenta explicar à sua pequena filha o ritmo de elevação e de queda dos diferentes impérios e das culturas mediterrânicas nas diferentes paradas do navio que possibilita vistas à Marselha, às ruínas de Pompeia a partir de Nápoles, a Atenas, às pirâmides egípcias quando param em Cairo, a Istambul e a Aden. O ambiente descontraído do passeio, do qual faz parte o encontro com o capitão do navio com três mulheres famosas, que ele recebe toda noite em sua mesa, termina de forma brutal, quando a notícia de que um terrorista depositou uma bomba no navio interrompe a última ceia, da qual a historiadora e a filha também participam.

Figura 32: Fotograma de *Um filme falado* (Manoel de Oliveira, 2003) – Estados Unidos e Europa à mesa

O encontro harmonioso entre as personagens alegóricas de diferentes países ocidentais – o capitão americano filho de imigrantes judeus polacos, a mulher de negócios francesa, a atriz e cantora grega, a modelo italiana e a historiadora portuguesa com a filha –, em que cada um fala com a maior naturalidade na sua respectiva língua (com a exceção da portuguesa, que tem que falar em inglês), chega assim ao seu fim, bem como a viagem marítima ao Oriente através do Mediterrâneo.

Não obstante que a interrupção tenha vindo de um terrorista muçulmano, o paralelo com a punição divina da construção da Torre de Babel é óbvia. O conteúdo das conversas sobre história e cultura europeias, sobre a relação entre o mundo árabe e o ocidental e sobre as vidas das três mulheres famosas que, devido à dedicação aos negócios, à beleza ou ao mundo dos espetáculos, não têm filhos, surge, assim, como equivalente à construção da famosa torre, realizada para os homens se vangloriarem, em esquecimento de Deus. No filme, a punição não é divina, mas resulta do desagrado do mundo árabe com a ausência de valores do mundo ocidental.

Surpreendentemente, quem mais sofre com essa punição é a historiadora e a sua filha. As portuguesas se tornam vítimas da bomba, enquanto os outros passageiros conseguem se salvar em barcos. A razão pelo atraso é simbólica: a filha, usando um vestido oriental dado pela mãe, ganhara uma boneca árabe do capitão na parada em Aden; quando todos abandonam o navio, ela corre para sua cabine, para salvá-la. O resultado é visto momentos mais tarde, num plano grande do rosto aterrorizado do capitão, que vê as duas portuguesas no navio. No momento da explosão, Oliveira congela essa imagem e não deixa escapar o grito de pavor.

Figura 33: Fotograma de *Um filme falado* – o capitão

Ao longo do filme, historiadora e filha servem como contrapontos às mulheres mundanas europeias: enquanto a menina simboliza a ingenuidade e a pureza das crianças, a historiadora é uma mulher exemplar e a única mãe, comportando-se de forma séria e intelectual, sem flertar com o capitão americano como as outras. Através das suas protagonistas, Oliveira ressalta também a injusta marginalidade e a insignificância de Portugal na Europa babilônica, perceptível quando ninguém entende português na mesa. Mas o final reverte essa posição: a criança assume o papel de protetora do mundo árabe (a boneca é uma mulher com véu), e a mãe procura protegê-la. Ambas representam assim valores cuja ausência no resto da Europa resulta, sugere o cineasta, no ataque terrorista. Só através do choque da perda desses valores, o Ocidente talvez acorde dos seus sonhos egoístas de grandeza.

Tanto mãe quanto filha procuram entender os paradoxos dos conflitos entre os povos de um ponto de vista historiográfico. Porém, apesar de tão minimalista quanto em *Palavra e utopia*, existe uma característica estética que sobressai em *Um filme falado* e que implica que a história não pode ser enxergada como realmente aconteceu, mesmo com a visita aos seus locais e às suas ruínas. Em Marselha, as duas protagonistas quase não notam uma placa no chão que explica a fundação da cidade pelos gregos. Oliveira utiliza um plano próximo das suas saias em frente a essa placa para obstruir ainda mais a visão do lembrete. Existem vários planos metafóricos desse tipo através dos quais o cineasta adverte o espectador da lacuna existente entre aquilo que vemos (se prestamos atenção o suficiente) e o significado para o qual aponta, bem no sentido rancieriano do regime estético. Outro exemplo é um plano-sequência de um livro que reconstrói a arquitetura de Pompeia quando se vira a página. Os personagens se esforçam na decodificação do mundo visual, apoiando-se em mitos e lendas para encher as ruínas com vida, mas na verdade não existem fontes seguras de informação. As palavras possuem aparentemente algum poder na recriação das pistas visuais do passado, porém, demonstram também limitações na capacidade de oferecer uma visão completa da história.

Existem algumas pistas visuais e orais que se repetem (por exemplo, os símbolos de proteção: um cachorro ou a estátua desaparecida de uma deusa), referências a conflitos entre culturas e religiões (em Istambul e Gizeh) e evocações de sabedoria (profetas, deusas ou outras figuras mitológicas, como Moisés, Atena ou Hagia Sofia), mas nenhuma delas consegue oferecer uma imagem coerente do passado. Ao contrário de *Le soulier de satin*, a câmera de *Um filme falado* não possui uma visão geral, divina; ela apresenta principalmente fragmentos dos resíduos das civilizações, fazendo que personagens e espectadores se questionem sobre o seu significado e realçando que não existe método para interpretá-los, apenas ficções.

Não obstante essas dúvidas sobre a possibilidade de aproximar-se da história e a indisciplinaridade perante a construção de conhecimento sobre ela, o filme é afirmativo num ponto: a necessidade de redescobrir a importância de Portugal devido aos valores humanistas que representa, tanto através dos seus personagens quanto através dos seus feitos históricos. Mesmo que a análise das razões do conflito contemporâneo entre mundo muçulmano e Ocidente – a falta de valores numa Europa decadente que se deixa comandar pelos Estados Unidos – e a sua representação alegórica e metafórica sejam persuasivas, a cultura muçulmana – fundamental não só na construção da identidade portuguesa como na da Europa inteira – permanece o "outro" dela. O simbolismo da menina quando protege a boneca é tão paternalista quanto a salvação dos índios e dos escravos negros em *Palavra e utopia*.

Como nos filmes anteriores, Portugal ocupa novamente um papel singular, que incide na missão salvadora do mundo, mesmo que (ou principalmente) através do sacrifício das personagens que representam o país (que é de Cristo). A analogia entre a viagem da historiadora e a viagem de Vasco da Gama – que aparece retratada de forma esplendorosa numa pintura na sala de jantar do navio – enfatiza o contraste entre os descobrimentos e os tempos atuais, ao mesmo tempo em que sugere que a viagem anterior não surgia de interesses egoístas do mundo ocidental contemporâneo. Como em *Non* e em *Le soulier de satin*, e contrastando com *O Quinto Império*, a visão do Portugal contemporâneo e da expansão portuguesa durante os descobrimentos é afirmativa e recalca as ambições comerciais que impulsionaram a procura de uma passagem marítima para a Ásia. Astuto na análise do conflito contemporâneo, *Um filme falado* aponta, paradoxalmente, como salvação da Torre de Babel ocidental valores conservadores e paternalistas que associa a Portugal.

O Quinto Império – ontem como hoje

O filme *O Quinto Império – ontem como hoje* (2004), que adapta a peça de teatro *El-rei Sebastião*, de José Régio, volta à discussão das ideologias políticas históricas, oferecendo uma visão mais ambivalente em relação às ambições imperialistas do Ocidente e à sua inspiração religiosa. Para isso, recua no tempo para o século XVI; porém, a alteração do título não só sublinha a continuação e a atualidade do imaginário do Quinto Império, mas também faz dele um sinônimo contemporâneo do sebastianismo.

A peça de Régio e a adaptação por Manoel de Oliveira concentram-se numa única noite, na qual o rei decide sobre a invasão de Marrocos, que terá como objetivos lutar contra os muçulmanos, espalhar o catolicismo na África e trazer glória imortal para Portugal. A ironia é, como se sabe, que Dom Sebastião desaparecerá na batalha de Alcácer Quibir e inaugurará, assim, o mito de um reino cristão na terra sob o domínio de Portugal.

Ao contrário do que ocorre em *Non*, desta vez Oliveira não retrata Sebastião como um déspota maníaco, mas, de acordo com a peça de Régio, é a corte e o povo que o consideram excêntrico e confuso, senão enlouquecido. A decisão final de Sebastião de levar o seu exército para Marrocos, mesmo que o país não tenha os meios financeiros e não deseje o empreendimento, não é a escolha de um louco. O rei é uma figura trágica, que opta pela iniciativa irrealista devido a diversas razões: além de ter sido ensinado a olhar para a África em termos de conquista, ele também foi incentivado a considerar-se o "desejado", uma figura de salvação e sucessor dos grandes reis portugueses. A incapacidade de distinguir entre um sonho irrealista e a realidade por causa do encorajamento messiânico faz parte da sua herança, tanto quanto a ideia autodestrutiva do sacrifício.

Contrapondo-se ao retrato de um salvador venerável ou de um alucinado deplorável, o filme, em acordo com a peça, enfatiza, embora num ambiente sonâmbulo, que Sebastião está consciente de que se tornará um herói imortal de uma ideologia incoerente, perpetuada pelos tutores religiosos, pelos nobres da corte e pelos seus criados. A personagem de Simão, o sapateiro, inspirado no profeta Bandarra, é especialmente interessante nesse contexto, porque revela ao Dom Sebastião, por um lado, a relação entre fantasia e ideologia e, por outro, convence-o de aceitar o seu fardo, ou seja, tentar a expansão e sacrificar-se. Essa questão do fardo é, no entanto, bastante ambivalente. A peça não responde à seguinte pergunta: obedecer à missão e aceitar ser o desejado e lutar contra os infiéis seria cumprir um papel atribuído por Deus? No filme, por outro lado, há uma cena em que os antigos reis perguntam a Sebastião o que ele pretende fazer. Afonso V de fato chega a questionar a ideia de um Quinto Império e lhe pede que o transcenda. Nesse momento, uma imagem de Cristo vira para a câmera e olha diretamente para os espectadores.

Apesar das críticas constantes a Sebastião e a seu comportamento, uma parte da corte revela-se também como sendo responsável pela decisão, ao ser submissa ao rei e aos mitos nacionais. Nessa constelação, a figura de Sebastião ganha contornos maiores, uma dimensão verdadeiramente trágica. Comparável a Hamlet de Shakespeare, cuja tragédia consistia em encontrar-se no limiar da era da razão, preso aos valores tradicionais de vingança, Sebastião, tanto o de Régio quanto o de Oliveira, não consegue escapar aos sonhos de grandeza de uma nação. De fato, Sebastião não deseja realizar um projeto impossível: ele simplesmente não consegue vislumbrar uma escolha entre ser ou não ser sacrificado.

Como em *Le soulier de satin*, igualmente baseado numa peça de teatro, Oliveira utiliza o artifício teatral da câmera fixa para a qual os atores atuam de forma frontal. Mas, em comparação com o filme realizado quase 20 anos antes, *O Quinto Império* carece da artificialidade propositada e opta por uma representação mais realista, apoiada ainda na recriação detalhada do século XVI no figurino e na utilização dos locais originais no convento da Ordem de Cristo em Tomar, cujo esplendoroso estilo manuelino, com os seus exuberantes elementos marítimos e representações dos descobrimentos, aparece em diversos planos.

Figura 34: Fotograma de *O Quinto Império – ontem como hoje* (Manoel de Oliveira, 2004) – Dom Sebastião e a corte

De acordo com a ambivalência da peça de José Régio, que deixa em aberto se algumas das conversas ocorrem de fato ou são expressões do subconsciente (seja de sonhos, seja de delírios) de

Dom Sebastião, isto é, se ele é de fato um escolhido de Deus ou não, Oliveira cria uma atmosfera fantasmagórica através da iluminação que oscila entre luz e sombras. A *mise-en-scène* consegue, desse modo, dar uma voz ao texto de Régio, porque paga tributo à viagem do autor venerado ao interior da alma atormentada do rei. Apesar da sofisticação da luz, o filme é – como a maioria das obras dos últimos anos do diretor – de um minimalismo formal acentuado (a referida frontalidade dos planos, os poucos cortes, a concentração num espaço só etc.), que, por sua vez, introduz um lado racional no ambiente irreal.

Enquanto Manoel de Oliveira destaca em *Palavra e utopia* a sua apreciação de Vieira e da profecia do Quinto Império como projeto pacífico e ecumênico, *O Quinto Império*, realizado apenas quatro anos mais tarde, apresenta uma perspectiva bem mais crítica; ou seja, indica através do título que os delírios de grandeza são verdadeiramente guerreiros e levam à ação. Isso se deve provavelmente, como em *Um filme falado*, às reflexões do cineasta após o 11 de Setembro e a subsequente invasão do Iraque, mas também à qualidade e à ambivalência do texto regiano. As leituras tanto da peça teatral quanto da ideologia de expansão apontam para os tempos atuais nos quais o conflito entre culturas e/ou religiões (cristã e muçulmana) atinge proporções extremas e globais. No entanto, na cena com os reis que antecederam Sebastião, são destacados novamente os descobrimentos como um feito grandioso de Portugal, bem como a presença de Cristo como peça fundamental no fado português.

Em comparação com os outros cinco filmes sobre a expansão europeia, *O Quinto Império* é o mais denso, não só em termos de local, tempo e luz mas, sobretudo, em relação à visão ambivalente, senão negativa, sobre os motivos da política de expansão. Oliveira nunca criticara e mostrara de forma tão clara as razões irracionais (perpetuação de um passado glorioso, desejo de prestígio eterno, sonhos de grandeza que vão além da realidade econômica de um país, instrumentalização da religião) responsáveis pela invasão de um país muçulmano. Certamente de acordo com as intenções do cineasta, durante a apresentação do filme em Veneza, alguns críticos associavam Dom Sebastião com George W. Bush. O próprio Manoel de Oliveira anotou que Bush tinha uma inclinação sebastianista quando expressava o seu desejo de espalhar a democracia e a liberdade no mundo a partir de um ponto de vista parecido com o do Quinto Império (ver JOHNSON, 2007, p. 131). Mas, no que diz respeito a Sebastião, o filme deixa uma dúvida: será que ele não foi de fato um enviado de Deus para que o Quinto Império transcendesse à imagem de Cristo? Ao revelar as ficções do Sebastianismo, a ficção da possível salvação da humanidade não quer calar.

Cristóvão Colombo – o enigma

Aos 98 anos, Manoel de Oliveira realiza o seu último filme – por enquanto – sobre a expansão portuguesa. Em *Cristóvão Colombo – o enigma*, o interesse concentra-se unicamente nos descobrimentos, sobretudo os do navegador conhecido como Colombo, e deixa de lado referências ao sebastianismo ou ao Quinto Império. A identidade portuguesa e a história do país voltam para o primeiro plano em todo o seu esplendor, de acordo com a inspiração do filme: o livro do médico Manuel Luciano da Silva e da sua mulher, Silvia Jorge da Silva, que reúne provas que o navegador genovês foi, na verdade, português.

O filme tem duas partes, uma protagonizada pelo jovem Manuel Luciano, que parte para os Estados Unidos com o seu irmão, embarcando num navio em Lisboa, em 1946. Planos com referências aos descobrimentos e ao rei João I fazem que a emigração portuguesa apareça na primeira parte como uma continuação das viagens dos navegadores dos séculos XIV e XV. Logo, o filme mostra detalhadamente a chegada aos Estados Unidos, que consiste numa mistura de deslumbramento com a tecnologia, solidariedade por parte de outros patrícios e alguma decepção com o tratamento na imigração.

É de notar que paira constantemente uma neblina, que dá ao país da liberdade uma aparência fantasmagórica. Esteticamente, essa parte parece uma homenagem ao cinema americano, tanto ao mudo quanto ao *film noir* dos anos 1930 e 1940.

Depois de exercer medicina em Massachusetts, Manuel regressa a Portugal para casar-se com Silvia, em 1960. A lua de mel que os leva ao Alentejo dá início às investigações de Manuel da Silva sobre a verdadeira identidade de Colombo. Durante a viagem, o casal visita uma igreja em Cuba (onde o pesquisador desconfia que Colombo tenha nascido), o museu do castelo de Beija (para ver o túmulo do provável progenitor, João Gonçalves Zarco) e a Escola de Sagres do Príncipe Dom Henrique (de onde começaram os descobrimentos).

Figura 35: Fotograma de *Cristóvão Colombo* (Manoel de Oliveira, 2007) – o jovem casal da Silva

A segunda parte do filme avança no tempo para a atualidade, e as investigações continuam, com Manoel de Oliveira e a sua esposa, Maria Isabel, nos papéis de Manuel e Silvia. Eles visitam o monumento a Colombo em Nova York, passeiam com um barco próximo à estátua da Liberdade, viajam até o Dighton Rock State Park e tomam, finalmente, um avião para Porto Santo, na Madeira, para visitar a casa de Colombo.

Figura 36: Fotograma de *Cristóvão Colombo* – o casal da Silva em Dighton Rock State Park

Ao longo da narrativa, os personagens são acompanhados por um anjo: uma jovem mulher vestida com as cores de Portugal, verde e vermelho, e com uma espada na mão. Esse anjo é referenciado na visita à igreja de Cuba, de onde desaparecera, como sendo o anjo custódio do reino ou anjo protetor do rei de Portugal, e em Nova York, onde se encontra um anjo no monumento a Colombo.

A primeira parte procura traçar a biografia do pesquisador Manuel da Silva e introduzir aos seus estudos, ao mesmo tempo em que pondera a emigração para os Estados Unidos e as esperanças que o país evoca como lugar de ilimitadas possibilidades. A segunda parte aprofunda os argumentos a favor da identidade portuguesa de Colombo, ao mesmo tempo em que oferece mais reflexões, em nível visual e nos diálogos, sobre os Estados Unidos e sobre o fato de que não está cumprindo a sua promessa como país da liberdade e de lar dos exilados. Há uma cena na qual isso fica bem explícito. Oliveira mostra a bandeira americana balançando no vento em primeiro plano e a estátua da Liberdade em segundo, como se o símbolo nacional tomasse o espaço da promessa da estátua. Olhando para esta última, Silvia canta, e Manuel fala o soneto *The new Colossus*, de Emma Lazarus, inscrito na *Miss Liberty*, para comentar em seguida que os versos eram mais desejados do que alcançados. Silvia comenta ainda que a poeta, nascida em Nova York, era uma judia sefardita portuguesa.

No que diz respeito a este questionamento da hegemonia americana, *Cristóvão Colombo* é uma continuação aparentemente suave de *Um filme falado* e de *O Quinto Império*; entretanto, oferece uma perspectiva nova e surpreendente. Compartilhando com *Non* a evocação e a glorificação dos descobrimentos, desta vez Oliveira não só atribui a Portugal e às suas viagens marítimas uma dimensão divina através do anjo protetor, que dá ao filme um apadrinhamento celestial (como já acontecera em *Palavra e utopia*, através das imagens de Cristo na Cruz), mas também mostra, na integração de Colombo à lista dos grandes navegadores portugueses, na visita ao Dighton Rock State Park, que Portugal foi responsável pelo descobrimento do Novo Mundo, não só do sul, mas também do norte da América.

Existe uma cena que implica, de forma poética, a responsabilidade direta de Portugal pela existência dos Estados Unidos. Quando Silvia e Manuel terminam a sua visita à Escola de Sagres, o berço das explorações marítimas portuguesas, eles citam, após um plano do olhar frontal do anjo para a câmera, o primeiro e famoso verso de *Os Lusíadas*:

> As armas e os Barões assinalados/Que da Ocidental praia Lusitana/Por mares nunca de antes navegados/Passaram ainda além da Taprobana,/Em perigos e guerras esforçados/Mais do que prometia a força humana,/E entre gente remota edificaram/Novo Reino, que tanto sublimara (CAMÕES, 1997, p. 7).

Segue-se um plano de conjunto do oceano Atlântico, como se pudéssemos olhar diretamente para a América, o "novo reino" do canto. O verso é recitado com o mesmo ritmo do juramento de casamento que precede a viagem de lua de mel, o que constrói uma analogia simbólica entre o casal da Silva, o casamento dos portugueses com o mar e a missão dos descobrimentos deles.

Embora o objetivo principal dos protagonistas e do filme seja a argumentação a favor da identidade portuguesa de Colombo e a sugestão de uma relação intrínseca entre os Estados Unidos e Portugal, se nota também uma preocupação com a desvalorização da história dos descobrimentos em Portugal, tanto na visita a Sagres quanto em Porto Santos, além da já referida avaliação das promessas do Novo Mundo americano. Ou seja, o filme não só procura integrar Colombo na história de Portugal mas também tenciona recuperar a memória dos grandes feitos portugueses, dos quais fazem parte os descobrimentos e a construção dos Estados Unidos através da emigração.

Nenhum outro filme de Manoel de Oliveira é ao mesmo tempo tão despretensioso e tão patriota. Há um evidente paradoxo entre a simplicidade e beleza da narrativa visual e a força da ideia de que Portugal é uma nação grandiosa e singular por ter dado *todo* o Novo Mundo ao mundo. Outra ideia curiosa reside na sugestão de que, por isso, o fracasso dos sonhos relacionados com a promessa de liberdade nos Estados Unidos é associado ao fracasso dos sonhos da expansão portuguesa citada em *Os Lusíadas*.

Conclusão

Entre 1985 e 2007, Manoel de Oliveira realiza a sua circum--navegação pessoal do relacionamento entre os descobrimentos e a identidade portuguesa. Olhando para a Comunidade Europeia, embarca em *Le soulier de satin* para uma crítica perspicaz ao imperialismo histórico do primeiro século da expansão europeia, num momento em que Portugal perdera qualquer tipo de protagonismo. Pouco depois, muda o curso e atravessa os séculos à procura dos fracassos da nação e do sebastianismo em *Non*. Só depois de uma década embarca de novo para descobrir Antônio Vieira, consagrando-lhe em *Palavra e utopia*, a obra que inclui a profecia do Quinto Império. Após o vaivém comemorativo entre Portugal e o Brasil, lembra-se da rota europeia para a Ásia e cruza o Mediterrâneo à procura de explicações para o maior susto do mundo ocidental nos últimos tempos, o ataque às Torres Gêmeas em Nova York. Outra vez desencantado com o imperialismo europeu, encontra no apontar das antigas rotas portuguesas uma terapia de choque para o desfecho de *Um filme falado*. No regresso às terras portuguesas, um texto de José Régio lhe demonstra que quaisquer tentativas de expansão com motivos políticos, passadas e futuras, são abomináveis sonhos nacionalistas. Logo em seguida, Oliveira abandona as velhas rotas portuguesas de expansão – para a América do Sul hispânica, para o Brasil, para a Ásia e para o Norte da África – e encontra um caminho ainda não navegado: a viagem em *Cristóvão Colombo* vai rumo à América do Norte. A última descoberta, a de que Colombo era português e que todas as viagens marítimas de descobrimento foram realizadas por portugueses, faz, finalmente, esquecer os caminhos errantes de expansão na ideia unificadora da excepcionalidade de Portugal.

Manoel de Oliveira é um cineasta da dúvida e das inquietações sobre a existência humana. O mundo em seus filmes não é perfeito, o que reflete, como sugere Fausto Cruchinho (2003, p. 9), o seu profundo humanismo cristão: "a sua tão conhecida perversidade não é senão um desejo insensato de melhor compreender o mundo tal qual Deus o criou". Em seu diálogo com os grandes mitos que têm vindo a fundamentar o imaginário português como povo eleito, ele procura desmascarar os motivos da sacralização das tentativas de expansão imperialista e religiosa, portuguesa, europeia e norte--americana. Mas a visão apresentada, embora às vezes próxima do pós-colonialismo, nunca deixa de ser portuguesa e cristã. Por isso, os seus embarques no imaginário nacional acabam sempre por serem descobrimentos do mesmo paradoxo: não só do paradoxo da existência humana mas também da paradoxal, porém inquestionável missão e diferença do povo português. À procura da desmistificação indisciplinar, o cineasta acaba mitificando novamente a identidade portuguesa, porque as descobertas das rotas marítimas só podem ser, em sua concepção, de origem divina. Como "cineasta de Cristo", não encontra outra solução do que reafirmar, na tradição de Camões e de Antônio Vieira, senão a grandeza, pelo menos a singularidade de Portugal. Assim, a pátria acaba sendo o tendão de Aquiles de um dos maiores diretores indisciplinares do cinema.

Portugal, Europa e o mundo: condição humana e geopolítica na filmografia de Manoel de Oliveira[1]

[1]O famoso poema *O dos Castellos*, parte integrante de *Mensagem* (1934), de Fernando Pessoa, termina com uma imagem da relação entre a Europa e o Novo Mundo, atribuindo a Portugal um papel de liderança. O país é destacado devido à sua capacidade de visão, com o seu olhar dirigido para um novo mundo, ou seja, para a América. Esse protagonista geopolítico vindouro é nada mais do que a projeção visionária de Portugal:

> A Europa jaz, posta nos cotovellos:
> De Oriente a Occidente jaz, fitando,
> E toldam-lhe romanticos cabellos
> Olhos gregos, lembrando.
>
> O cotovello esquerdo é recuado;
> O direito é em angulo disposto.
> Aquelle diz Italia onde é pousado;
> Este diz Inglaterra onde, afastado,
> A mão sustenta, em que se appoia o rosto.
>
> Fita, com olhar sphyngico e fatal,
> O Occidente, futuro do passado.

---

1   Este capítulo foi previamente publicado com o mesmo título na *Revista dos Estudos Portugueses*, v. 30, n. 43, 2010, p. 109-140.

O rosto com que fita é Portugal.²

Essa imagem da vocação universalista de Portugal dialoga com representações anteriores na cultura portuguesa sobre o protagonismo lusitano na descoberta e na subsequente interconexão do mundo moderno, criadas, como já tenho notado no capítulo anterior, pelos seus mais notórios visionários: Luís de Camões e Padre António Vieira. Argumentei também no capítulo anterior que Manoel de Oliveira apresenta em alguns de seus filmes, nomeadamente aqueles que lidam com a expansão marítima – portuguesa ou europeia –, uma perspectiva próxima a esses autores canônicos, incluindo Pessoa. Entretanto, o que diferencia a visão de Oliveira é a formulação da expectativa de liderança como condicional, sendo que o diretor demonstra ser mais crítico do que os autores citados em relação à "vã glória de mandar" do seu país no passado, além de ser consciente da marginalidade contemporânea portuguesa em termos geopolíticos.

Neste capítulo, gostaria de expandir a minha interrogação sobre as implicações geopolíticas para o conjunto da obra de longas-metragens de Manoel de Oliveira, levando em consideração tanto o seu ponto de vista de que a cultura nacional possui algo importante a oferecer, porque preservou valores significantes ocidentais, quanto a sua crítica à desumanização do mundo moderno, que se manifesta ora através da representação do autoritarismo da burguesia portuguesa tradicional, ora na análise da civilização ocidental – desde os seus primórdios, passando pela época dos descobrimentos até as hegemonias contemporâneas.

2   A edição canônica desse texto é a da Unesco, fixada por José Augusto Seabra. Disponível em: <http://books.google.com/books?id=qOOAdzFaXakC&pg=PR4&lpg=PR4&dq=mensagem+Unesco+Jos%C3%A9+Augusto+Seabra&source=bl&ots=-mzQhdjjPl&sig=lcpnRzJvLw5_QAz5xQGdvv9bQe4&hl=pt-PT&ei=kl9gTKjeBMi74gakttH9Cw&sa=X&oi=book_result&ct=result&resnum=7&ved=0CDIQ6AEwBg#v=onepage&q=mensagem%20Unesco%20Jos%C3%A9%20Augusto%20Seabra&f=false)>. Acesso em: 21 ago. 2010.

A oscilação do enfoque geográfico nos 27 filmes de curta e média-metragem e nos mais de 30 longas-metragens acompanha e altera o método universalista do diretor, ou seja, a sua tendência de buscar no particular conclusões generalizantes sobre os dilemas da *conditio humana*.³ Contudo, no universo oliveiriano, essa *conditio* está sempre enraizada na cultura judaico-cristã e debate-se, sobretudo, com a tensão entre a inclinação do ser humano para o pecado e a possível salvação dele através da espiritualidade.

Andrea Santurbano (2010, p. 215) aponta para a mesma direção quando explica o motivo que propulsiona a arte do cineasta como uma "incansável busca gnosiológica sobre a natureza humana". Randal Johnson (2008) entende, por outro lado, que a postura de Oliveira é menos moral do que ética – derivando não só das suas reflexões sobre o mundo moderno, da sua formação religiosa e de uma noção da ética kantiana, mas também da sua reflexão sobre o cinema. O autor destaca como objetivo principal do diretor o estabelecimento de uma relação participativa entre os filmes e os espectadores, abordada nas mais diversas escalas: "[os filmes] apresentam situações que envolvem o comportamento humano nas escalas individual, nacional e global, com o fim de provocar reflexões no espectador"⁴ (JOHNSON, 2008, p. 91). Como tentei apontar no segundo capítulo, poderíamos dizer que não se trata apenas de reflexões racionais, mas também de experiências mais completas e que contemplam o sensível.

Pretendo neste capítulo entender melhor como o cineasta enquadrou seu método universalista ao longo dos últimos 80 anos

---

3   Entendo "condição humana" no sentido das circunstâncias humanas num sentido mais lato do que Hannah Arendt (1958) o definiu em seu famoso livro com o mesmo título. Pelo fato de Manoel de Oliveira trabalhar em cima de uma base cristã (mesmo que não moral), a posição dele é mais próxima da contemplação medieval que levou ao pensamento moderno do "cogito ergo sum" e, assim, ao pensamento kantiano, contestados pela filósofa alemã, que coloca a ação, a *vita activa*, no centro da *conditio humana*.

4   Traduções do inglês realizadas pela autora do texto.

perante as alterações geopolíticas sofridas por Portugal, pela Europa e pelo mundo. Reconstruirei nos filmes do diretor as relações entre a preocupação dele com a condição humana e o impacto dos diferentes e cambiantes contextos nos quais tem filmado desde 1931. As escalas refletidas compreendem o local – sobretudo através da região do Porto e do Douro –, o nacional – em relação à identidade do país –, o supranacional – devido à adesão de Portugal à Comunidade Europeia, em 1986 –, e o transnacional – devido à história colonial portuguesa e às explorações marítimas –, bem como o global – como resultado dos efeitos da globalização que Portugal sofreu a partir dos anos 90 do século XX e da qual se orgulha ter sido a vanguarda, como bem demonstra o poema de Pessoa acima citado.

Local/nacional

O primeiro filme de Oliveira, o documentário *Douro, faina fluvial* (1931), que analisei no segundo capítulo como filme indisciplinar, parte de um interesse local, da cidade natal do cineasta, sobretudo do seu porto. Como apontei acima, o filme abraça, numa época que Dudley Andrew (2010, p. 62) cunhou como "fase cosmopolita", devido à dimensão internacional da linguagem cinematográfica, o modelo das sinfonias urbanas, porém, através de uma abordagem invulgar, quase oposta à das "odes modernistas" (MARTINS, 2010, p. 9) cinematográficas anteriores, que escolheram metrópoles europeias, e não uma pequena cidade ribeirinha no início da sua industrialização. Na confrontação com esses retratos urbanos, sobretudo com *Berlim – sinfonia de uma cidade* (1927), de Walter Ruttmann, sobressai a centralidade do ser humano no filme do diretor portuense. Expliquei esse fato no segundo capítulo pela incidência de diferentes temporalidades nos corpos de seus habitantes, que vivem ainda como mão de obra, e não como operadores de máquinas.

Apesar (ou pelo fato) de Portugal ter se encontrado à margem das profundas mudanças científico-tecnológicas no início do século XX, comparado com os filmes sobre os grandes centros europeus que lidam com a questão deste progresso de forma mais afirmativa, o jovem cineasta da periferia europeia oferece uma visão mais universalista: uma perspectiva interessada na interligação entre os diversos dispositivos tecnológicos *e* o ser humano no mundo em viés de industrialização. Devido ao atraso, é possível desenvolver uma maior compreensão da ambiguidade desta relação.

Figura 37: Fotograma de *Douro, faina fluvial* (Manoel de Oliveira, 1931)

O intuito de apontar uma problemática mais universal no contexto do local é também evidente no primeiro longa-metragem de ficção, *Aniki-bóbó* (1942); porém, já se estende também para o nacional. O filme, baseado num conto de Rodrigo de Freitas, *Meninos milionários*, debate a relação entre liberdade e repressão através de um grupo de crianças que moram na mesma Ribeira de *Douro*, focando violações éticas que resultam dos desejos humanos e que tornam necessária a reflexão sobre pecado e punição. O triângulo amoroso entre Eduardinho, Carlitos e Teresinha serve como pressuposto para questionar as transgressões realizadas em nome da paixão (o roubo de uma boneca por parte de Carlitos para agradar Teresinha e o acidente de Eduardinho, devido à disputa entre ele e Carlitos); bem como para aliar a moral cristã – a redenção do roubo de Carlitos quando ele retorna a boneca – a uma crítica do regime político – a ditadura de Oliveira Salazar –, por meio de personagens autoritárias, incluindo Eduardinho (ver JOHNSON, 2004, p. 48). O conflito universal entre os desejos e as restrições sociais apresenta-se, assim, entrelaçado com uma dimensão especificamente nacional. O filme demonstra os diferentes degraus de contenção do comportamento humano, que revelam o seu possível excesso: transgressão e redenção fazem parte da vida humana e são regulamentados através de um sentimento moral que se expressa, principalmente, através da consciência (como a personagem Carlitos demonstra em diversos momentos, sendo o seu pesadelo e a tentativa de fuga os exemplos mais emblemáticos), e, por isso, não se justificam medidas disciplinadoras extremas e repressivas (representadas ou executadas pelo professor na escola e pelo policial).

Figura 38: Fotograma de *Aniki-bóbó* (Manoel de Oliveira, 1942)

No contexto da indústria cinematográfica criada nos moldes nacionalistas do regime ditatorial em 1931, a abordagem do dilema entre transgressão e punição, em conjunto com uma estética protoneorrealista, demonstra o quanto o filme de Oliveira se distingue dos filmes portugueses da mesma época. Embora seja um exemplo da "fase nacional" (ANDREW, 2010, p. 65) do cinema que se inicia com a criação do cinema sonoro em nível internacional, é a sua perspectiva universalista que se envolve de forma inusitada com o contexto da realidade nacional, retratado num cenário local, que faz o filme transcender essa definição e anunciar a próxima fase: a "fase federada" (ANDREW, 2010, p. 69), na qual as tradições nacionais e a renovação da estética terão destaque.

Não surpreende que Oliveira tenha se precipitado estética e tematicamente em *Aniki-bóbó*, pois o regime repressivo apontado no filme impossibilitou já nessa altura um desenvolvimento pleno do cinema nacional. O diretor foi uma de suas maiores vítimas, trabalhando primeiro, por exemplo, em *Aniki-bóbó*, em condições precárias e depois quase deixando de produzir.

Apenas 11 anos mais tarde surge outro longa-metragem, *Acto da Primavera*, um de seus filmes mais polêmicos, sobre o qual já comentei duas vezes e que, por expressar de uma forma inédita a relação entre o local e o universal, foi falsamente associado ao conservadorismo católico da ditadura. Nesse contexto, vale lembrar que o inexplicável e o transcendente não surgem apenas "da representação da representação" do auto: eles estão relacionados com o motivo universal da Paixão – com a promessa da redenção do ser humano.

A preservação da verdadeira – e universal – mensagem cristã nas pessoas simples, no povo do interior do país, encontra o seu oposto nas perversões da alta sociedade, seja da capital, seja do interior, tão nítidas nos longas-metragens seguintes. Nesses filmes se evidencia que a postura do cineasta perante a figura e a Paixão de Cristo nunca afirma a Igreja Católica e a sua doutrina.

Figura 39: Fotograma de *Acto da primavera* (Manoel de Oliveira, 1962)

Pelo contrário, os filmes tratam de restrições morais de uma sociedade que perpetua, na verdade, convenções retrógradas como forma de dominação, impossibilitando assim relacionamentos amorosos sadios. *O passado e o presente* (1972) inicia a "tetralogia dos amores frustrados" – da qual fazem parte *Benilde ou a virgem mãe* (1975), *Amor de perdição* (1978) e *Francisca* (1981). Fausto Cruchinho (2008, p. 55) acrescenta ainda *Os canibais* (1988), devido à coerência temática, e explica que esses filmes colocam em xeque o peso da classe alta sobre as personagens jovens:

> Estes cinco filmes, todos eles marcados pelo sinal da morte, constituem um tratado oliveiriano sobre as condições da vida amorosa em sociedade. [...] O que faz escândalo neste conjunto de cinco filmes de Oliveira, realizados durante o intervalo de quinze anos, é a obstinação dos seus personagens, femininos ou masculinos, em permanecerem virgens, contra

toda a pressão social e cultural que os quer ver como reprodutores sexuais e, claro, reprodutores das relações de classe. O amor que Vanda vota aos maridos defuntos, o amor que Benilde vota a Deus, o amor que Teresa e Mariana votam a Simão, o amor que Fanny vota a José Augusto e, finalmente, o amor que Margarida vota ao Visconde só se manifesta porque está condenado ao fracasso. A simples possibilidade de esse amor, um amor ideal, platónico, se materializar, se consumar, é sistematicamente recusada por qualquer dos intérpretes amorosos.

Autores canônicos da literatura nacional começam a ocupar um lugar preponderante na obra de Oliveira e servem de base para as explorações críticas da sociedade portuguesa em nível local e nacional. A famosa "devoção sem limites" do diretor aos textos originais, que quase sempre são reproduzidos em sua entidade, surge, como bem explica Fernando Cabral Martins (2010, p. 11), de um respeito que procura alcançar o ponto de vista do leitor de livros: "E é o fato de abraçar esse ponto de vista que os torna filmes de poesia, e não filmes que adaptem em sequências narrativas uma intriga anterior". Os autores mais importantes que alimentam Oliveira a partir da "tetralogia" são Camilo Castelo Branco (personagem em *Francisca* e autor de *Amor de Perdição*), José Régio (*Benilde ou a virgem mãe*) e Agustina Bessa-Luís (autora do romance *Fanny Owen*, no qual se baseia *Francisca*). O universo desses três escritores incontornáveis das letras portuguesas oferece a Oliveira subsídios para discutir a religiosidade etimológica, heterodoxa e barroca de Régio (ver CORRADIN; SILVEIRA, 2010, p. 21) e a noção "do poder do ponto de vista e da parcialidade de toda representação" (CARDOSO, 2010, p. 222), compartilhada com Bessa-Luís e já problematizada na obra de Castelo Branco, da qual Oliveira desvenda em *Amor de Perdição* a veracidade, a normalidade e a interatividade do sofrimento por causa do amor, "para desestabilizar a forma como, usualmente, esse livro é interpretado, o modo reducionista como o romance ficou guardado no imaginário cultural luso-brasileiro" (OLIVEIRA, 2010, p. 51). Essa resistência à canonização da obra de Camilo Castelo Branco e da sua pessoa será revisitada em *O dia do desespero* (1992).

Figura 40: Fotograma de *Francisca* (Manoel de Oliveira, 1981)

O efeito negativo da sociedade sobre os indivíduos já esteve presente em *Aniki-bóbó*. Nos filmes da "tetralogia" paira de forma mais aguda uma sensação de opressão da qual os personagens procuram escapar através da perversão dos próprios sentimentos, mas que as leva quase sempre à morte (em *Benilde*, *Amor de perdição* e *Francisca*). Nesses filmes, as fortes raízes autoritárias da sociedade portuguesa surgem em primeiro plano, responsáveis pela produção de gerações de jovens dispostos a se autossacrificarem, desde o Romantismo, nos anos 1940, até os anos 1970. A sociedade e a contaminação do seu código moral aparecem como culpados, sendo que em *O passado e o presente* e em *Benilde* o envolvimento da Igreja Católica nessa perversão é mais pronunciado.

A "tetralogia" costuma ser relacionada ao Novo Cinema português e, assim, ao "cinema federado" mundial (ANDREW, 2010, p. 75), cujo impacto internacional incide numa luta nacional, pois defende não só um cinema revigorado mas também uma renovação dos códigos sociais. Em sintonia com as "ondas" que se espalham pelo mundo, cada filme de Oliveira evidencia a representação para desvendar a construção da realidade, seja através da revelação do aparelho cinematográfico, seja através da direção de atores. Com efeito, os filmes da "tetralogia" podem ser considerados excelentes exemplos para demonstrar essa luta nacional no caso do cinema português.

Supranacional/transnacional

Quando Portugal ingressa na Comunidade Europeia, a alteração da condição geopolítica manifesta-se através do alargamento dos horizontes de Manoel de Oliveira. A partir de *Le soulier de satin*/*O sapato de cetim* (1985), o diretor vai além do local e do nacional, iniciando um debate sobre o supranacional e o transnacional. Como apontei no terceiro capítulo, essa coprodução luso--germano-francesa é um reflexo da nova situação, pois centra-se sobre a história imperialista da Europa nos dois primeiros séculos das expansões marítimas como alegoria dos tempos atuais. É importante assinalar que a primeira contemplação do novo contexto aponta a marginalidade de Portugal, bem como o papel de vítimas das políticas de expansão. Como resultado, a relação entre a condição humana e o nacional é levada para outro nível. O filme é baseado no texto do francês Paul Claudel, e as implicações da utilização de um texto original não português são complexas: embora a impossibilidade de um amor terrestre esteja novamente presente, ela surge aqui como analogia dos desejos mundanos de poder que substituem o microcosmo da sociedade portuguesa e suas perversões. Além disso, a renúncia ao amor é agora escolha consciente da personagem feminina (Dona Prouhèze: Patricia Barzyk), reconhecida pelo protagonista (Don Rodrigue: Luís Miguel Cintra) no final da sua vida, quando ele é forçado a reavaliar seu desejo de exercer poder no Novo Mundo, descobrindo que esse poder foi nada mais do que uma reação à rejeição amorosa.

Figura 41: Fotograma de *Le soulier de satin* (Manoel de Oliveira, 1985)

O sapato de cetim não só censura as ambições do poder mundano, patentes nas grandes nações europeias, mas também questiona, de forma geral, o imperialismo impulsionado pelos descobrimentos das Américas e pelas conquistas no norte da África, "temperando o tom imperialista da peça de Claudel", como observa Randal Johnson (2007, p. 44). Para ultrapassar o paradoxo da condição humana – a vocação para a dominação e a procura da espiritualidade –, são indicados dois caminhos, referenciados no capítulo anterior: fora da história, pela abdicação ao amor físico, e dentro da história, pela luta contra os "infiéis". No contexto da incapacidade de estabelecer uma união política na Europa (nesse caso, contra a invasão turca), devido à prevalência de interesses nacionais, a renúncia do poder por parte de Rodrigue aproxima-o da situação involuntária de Portugal. Mas o fato de Portugal não ter desempenhado um papel político nessa altura (lembrado através de duas curtas cenas que Oliveira acrescenta à peça claudeliana) torna-o agora, ao contrário dos filmes da "tetralogia", que se baseiam no autoritarismo local, num possível representante de uma alternativa política no contexto supranacional. Essa alternativa deve-se à situação geopolítica periférica e, paradoxalmente, aproxima Oliveira pela primeira vez da perspectiva de Pessoa no poema supracitado. É no dissenso sobre o colonialismo europeu que consiste, além das inovações estéticas, o grande mérito do filme. Surge de um cineasta à margem dos grandes centros europeus que agora filma a sua visão na França e alcança com ela a atenção internacional. O diretor participa assim na colocação de Portugal no mapa do "cinema mundial", aquele cinema que, segundo Andrew (2010, p. 79), "dá expressão a culturas silenciadas", pois, a partir dos anos 1980, o cinema português começa a fazer-se ouvir mais fortemente em todo o mundo.

Global

Inflexões nacionais, mesmo que sutis, são uma das principais características do " cinema mundial" na definição de Andrew (2010). Descobrimos que o amor pessoano ao país é, no entanto, apenas um flerte passageiro quando olhamos para a filmografia dos 15 anos seguintes, nos quais o diretor começa a produzir um filme anual, quase sempre com apoios de agências financiadoras de cinema ou de canais televisivos europeus, sobretudo da França. Uma perspectiva similar volta apenas em *Non ou a vã glória de mandar*, em que se alia à crítica feroz ao imperialismo português, e em *Viagem ao princípio do mundo* (1997), que surge no contexto da tensão entre memória individual e memória coletiva. A sugestão ou a discussão de elementos positivos na cultura portuguesa será retomada e tornar-se-á quase constante, como observo no capítulo anterior, na primeira década do século XXI, nos já analisados filmes *Palavra e utopia*, *Um filme falado*, *O Quinto Império – ontem como hoje* e *Cristóvão*

Colombo – o enigma. Palavra e utopia, resultado das comemorações do "descobrimento" do Brasil, é a primeira produção do cineasta que acompanha a alteração do mapa cinematográfico mundial, ou seja, com um orçamento elevado, financiado não só por países europeus (Portugal, Espanha, França) mas também pelo Brasil, possui as noções associadas ao "cinema global", no qual "a distinção aparece menos através do estilo cinematográfico, do que pelas alterações nos mecanismos de produção e distribuição" (ANDREW, 2010, p. 80). De fato, o filme faz parte de um grupo crescente de produções de grande orçamento, impulsionadas por um protocolo de produção cinematográfica com o Brasil – que será abordado em maior detalhe no capítulo a seguir. Devido a seu tema, *Palavra e utopia* foca o seu discurso na transnacionalidade portuguesa, iniciado em *Non ou a vã glória de mandar*, isto é, na revisão do colonialismo na África e no Brasil, enquanto os filmes seguintes possuem um ímpeto geopolítico mais abrangente, de escala global, pois discutem a divisão do mundo ocidental e oriental como resultado do ataque terrorista ao World Trade Center no dia 11 de setembro de 2001.

Embora cada filme apresente perspectivas diferentes, o discurso continua sendo parecido com aquele em *Acto da primavera* e, de forma mais sutil, em *O sapato de cetim*. Contudo, está agora contextualizado na nova ordem global. Com efeito, o diretor português sugere que certos valores do seu país poderiam servir de modelo, sendo que a identidade antimoderna dele (não abraça a modernização tecnológica sem levar a condição humana em consideração) coincide com a sua identidade transnacional histórica (no sentido da idealização camoniana e vieirense da expansão como agente positivo da globalização, responsável pela aproximação dos povos). Dito de outro modo, Manoel de Oliveira inverte o seu método nesses filmes do século XXI: em vez de tirar conclusões gerais (sobre a condição humana) do contexto particular (do autoritarismo ou da preservação de valores em Portugal), quando discute a geopolítica global contemporânea e o lugar de Portugal dentro desta, tira conclusões particulares – a possível importância de Portugal – do contexto geral, isto é, da crítica à hegemonia dos países ricos europeus e dos Estados Unidos. Paradoxalmente, nos filmes em que a perspectiva geopolítica se alarga para o supranacional, para o transnacional e para o global, altera-se a perspectiva do diretor sobre aquilo que considera universal: vira a sua atenção da condição humana no mundo moderno para o legado do povo português, ou seja, para uma visão próxima do poema pessoano supracitado, que defende a vocação universalista de Portugal.

Universal/local

Antes dessas interrogações supranacionais, transnacionais e globais associadas a críticas ao nacional e, assim, inclinadas para posições afirmativas acerca dos valores patrícios de maior ou menor grau, os filmes de meados dos anos 1980 até o final do século XX são dominados por temáticas que seguem a interrogação da condição humana sem maiores implicações geopolíticas, desdobrando-se majoritariamente sobre perguntas de ordem ética e religiosa (*Mon cas/O meu caso*, 1986; *Divina comédia*, 1991; *O convento*, 1995; *Inquietude*, 1998; *Je rentre à la maison/Vou para casa*, 2001) e social (*A caixa*, 1994), ao mesmo tempo em que o paradigma do amor como lugar predileto da manifestação das contradições sociais e humanas se manifesta novamente no contexto local (*Os canibais, O dia do desespero*, 1992; *Inquietude, Vale Abraão*, 1993; *O convento*, 1995; *Party*, 1996), ou pode estender-se até o contexto europeu (*A carta*, 1999; *Vou para casa*, 2001), mas sem que esse "microcosmo" possua a mesma qualidade repressiva dos anos 1970.

O meu caso, uma coprodução luso-francesa, desenvolve ainda mais a problemática da espiritualidade presente no filme anterior, *O sapato de cetim*; no entanto, afasta-se do contexto transnacional do qual surge em termos de produção para abordar a condição humana da forma mais universal possível. Esteticamente, representa outro ponto de viragem: enquanto a exposição do aparelho cinematográfico e da ficcionalidade da representação era alcançada desde *Acto da primavera* sem abrir mão dos textos originais em sua íntegra, *O meu caso* é um diálogo ou, como expõem Flávia Maria Corradin e Francisco Maciel Silveira (2010, p. 14), "uma releitura cinematográfica" da peça homônima de José Régio. Nela, um homem, o Desconhecido (Luís Miguel Cintra), aparece no palco pouco antes do início de uma peça de *boulevard* para contar ao público "o seu caso". Embora argumente que esteja lá por inspiração divina, o invasor nunca chega a contar o caso, pois é continuamente interrompido por outras personagens, que se acham igualmente importantes: a atriz principal, o porteiro, o autor e outro espectador.

Oliveira filma a farsa de dimensão alegórica três vezes: uma vez, utilizando o texto de Régio na íntegra; uma segunda vez, como se fosse um filme mudo, com os típicos gestos largos e uma voz em *off* que lê o texto *Foirade II*, de Samuel Beckett; e, finalmente, outra vez a peça de Régio, porém, com a rotação do som invertida.

Lembrando o final de *Acto da primavera*, as três repetições terminam com uma colagem de "filmes documentários e jornais televisivos que expõem crimes cometidos pelo homem contra si mesmo e contra a natureza: guerras, motins, fuzilamentos, desastres ecológicos, fome, genocídio" (CORRADIN; SILVEIRA, 2010, p. 16).

A essa montagem segue-se a encenação do *Livro de Jó*, cujo final feliz – o perdão por Deus – é ironicamente comentado, pois a cenografia do desfecho, em que Jó (Luís Miguel Cintra) e sua mulher (Bulle Ogier) se encontram, remonta à *Cidade ideal*, reconstrução do famoso quadro de Piero della Francesca.

Figura 42: Fotograma de *O meu caso* (Manoel de Oliveira, 1986)

Corradin e Silveira (2010, p. 18-19) resumem a investigação da condição humana no filme, mediada pela exposição dos aparelhos que a registram:

> O tema comum aos três paradigmas com que dialoga a película oliveiriana parece residir na incompreensão e na incomunicabilidade que desterram o ser humano para uma solidão existencial [...]. Não estranha, pois, que uma das repetições registre a peça de Régio [...] numa sequência de filme mudo. Nós, na posição de espectadores do drama alheio, postos na distância de uma contemplação mediada pela frieza de olhos eletrônicos, somos, ao cabo, surdos ou impossibilitados de ouvir as queixas do outro, para as quais não damos a mínima atenção.

Ao deixar para trás as dimensões geopolíticas das mais variadas ordens, essa abordagem da condição humana contempla a adesão a uma comunidade maior, pois os problemas identitários encontram-se ancorados na cultura judaico-cristã como um todo. Apesar de lidar com a mesma questão de *Acto da Primavera* duas décadas mais tarde, *O meu caso* vai, pela primeira vez, além de fronteiras nacionais para falar do metafísico. Outra diferença pode ser encontrada no desfecho irônico, referido acima: Jó renasce como homem novo no final, mas esse renascimento é visto com cautela e com a distância habitual ao cinema oliveiriano.

A ironia em relação à condição humana une o filme a *O sapato de cetim* e também a *Os canibais*, que se segue a ele: a redenção não significa que Jó se torne uma pessoa melhor, simplesmente indica a existência do divino. Enquanto em *O meu caso* Jó recupera a sua ligação com o divino, *Os canibais*, que retorna à sociedade portuguesa burguesa do século XIX, centra-se na predisposição do ser humano de se afastar de Deus para viver de forma amoral e hedonista. Na cena final, em que a sociedade se transforma em porcos e lobos, é estabelecida novamente uma relação com um texto do Velho Testamento, o episódio da dança em volta do Bezerro de Ouro. Nessa dança contemporânea, os homens "perderam a sua verdadeira humanidade e tornaram-se animais", como nota Peter Buchka (*apud* MAIER-SCHÖN, 2004, p. 46).

Oliveira realiza apenas mais um filme no qual suprime fronteiras geográficas para debater a condição humana nos moldes do cristianismo e da cultura ocidental: *A divina comédia* (1991), filmado logo após o grande painel histórico de *Non ou a vã glória de mandar*. Mas onde *O meu caso* se centra sobre o homem moderno e o problema da incomunicabilidade (ninguém quer ouvir os "casos" do outro) e da provação (que resulta do poder, da justiça, da sabedoria e do amor de Deus, incompreensíveis para o homem), *A divina comédia* retoma a temática de *Aniki-bóbó*: "o lábil equilíbrio que separa o pecaminoso do natural na esfera religiosa. A primeira grande questão afrontada, então, diz respeito ao moralismo católico que faz as contas com o irresoluto a não ser por via insatisfatoriamente dogmática – dilema entre a razão e o instinto, o espírito e a carne", como comenta Andrea Santurbano (2010, p. 3). A relação intrínseca entre o bem e o mal, entre o pecado e a santidade é explorada num manicômio, onde estão internadas pessoas que se confundem com personagens ilustres da literatura ocidental: o Anticristo de Friedrich Nietzsche, o Profeta de José Régio, Sonia e Raskolnikov, de *Crime e castigo*, e Ivan e Alyosha Karamazov, de *Os Irmãos Karamazov*, ambos de Fiódor Dostoiévski; além de personagens bíblicos, do Antigo e do Novo Testamento (Adão e Eva, Jesus, Lázaro, Maria, Marta e o Fariseu). A intertextualidade vai mais longe do que em *O meu caso*, o que leva Santurbano (2010, p. 211) a afirmar que "a evolução do cinema oliveiriano, 20 anos depois do regresso à ficção e às adaptações literárias, encontra aqui sua revolução". Além da revolução estética, é um dos filmes mais complexos e desafiadores do diretor sobre a condição humana:

> Sempre misturando tragédia e ironia, essa arte é um convite a desmascarar a ilusão de liberdade que preside aos atos do homem, para que ele se possa tornar livre, sobretudo, de si mesmo, sabendo enfrentar todas as consequências. Afinal de contas, reafirmando o postulado de Oliveira, inferno, purgatório e paraíso pertencem a esta terra: o bem e o mal são consubstanciais ao homem. E nisso há a lição de José Régio (SANTURBANO, 2010, p. 215-216).

Essa lição é desenvolvida ao longo da década de 1990 através do paradigma do amor. Focalizando novamente a paixão e os seus meandros, o cineasta retorna à sociedade portuguesa e às dificuldades de nela se estabelecerem relacionamentos saudáveis. Porém, as razões apontadas já não dizem respeito ao autoritarismo arcaico, mas à divisão dos gêneros. A vida do autor predileto de Oliveira, Camilo Castelo Branco, oferece mais uma vez um testemunho das batalhas amorosas em *O dia do desespero*, bem como uma abordagem inédita da problemática da representação e da "musealização" de um grande autor. A partir de 1993, o protagonismo passa para as mulheres. A figura mais emblemática de toda a obra de Oliveira é a mítica Ema (Leonor Silveira) do vale do Douro (em *Vale Abraão*), que rompe com todas as convenções ao querer desafiar os papéis sociais atribuídos a homens e mulheres, mas acaba por tornar-se vítima (ou se cansar) da tentativa de abolir a oposição binária entre os gêneros. Interrompida por uma fábula sobre os desejos elementares das classes sociais mais baixas em *A caixa*, a separação dos gêneros volta em *O convento* e em *Party*.

Como nos dois filmes anteriores, *O convento* é situado num espaço com dimensão mística (o convento da Arrábida) e interroga novamente os binarismos do catolicismo através de personagens que remontam à união dos seres separados, o mito grego do andrógino que já aparecera em *A divina comédia* e *Vale Abraão*.

Desta vez, está patente nas personagens Hélène (Catherine Deneuve) e Piedade (Leonor Silveira), que se apresentam como "duas metades de um todo que não se sustenta, daí o espectador não se sentir seguro para identificar nelas as agentes do bem ou do mal" (CARDOSO, 2010, p. 232).

O filme, baseado numa ideia de Agustina Bessa-Luís, é afirmativo em seu desfecho sobre a possibilidade dessa união através da reunião do casal protagonista, que deixa para trás tentações de todo tipo – mefistofélicas e bíblicas. A inclinação da cultura portuguesa para o universal aparece sutilmente na razão pela qual o casal – o investigador americano Michael Padovic (John Malkovich) e a sua esposa francesa, Hélène – está em Portugal: o estudioso procura demonstrar que William Shakespeare era, na verdade, um português de descendência judaica.

Figura 43: Cartaz de *O convento* (Manoel de Oliveira, 1995)

Em *Party*, Oliveira volta a explorar a suposta oposição dos gêneros através das restrições que as mulheres sofrem na sociedade, sobretudo na instituição do casamento, afirmando através da protagonista o desejo feminino de sensualidade, contrariado pelos homens. *Inquietude*, de 1998, e *A carta*, de 1999, seguem o mesmo caminho; centram-se sempre, contudo, em novos aspectos do papel da mulher ou do seu relacionamento com o sexo masculino. Em *Inquietude*, é a imortalidade que Oliveira interpreta como sendo característica da mulher, mas desejada pelo homem (como em *Volto para casa*), enquanto em *A carta* são destacados os valores que uma mulher é capaz de colocar acima do seu desejo.

Nesses cinco filmes (poder-se-ia incluir também *A divina comédia*), existe uma visão da mulher como mistério, que, no entanto, deve ser considerada, em última análise, como uma mitificação. Fausto Cruchinho (2008, p. 49-50) expõe da seguinte forma a sua crítica a essa visão:

> Manoel de Oliveira soube construir, desde o seu primeiro filme e através da sua obra de ficção ou de documentário, um duplo dispositivo: o ver e o ser visto. [...] Esse mecanismo permite filmar em particular a mulher que, em Oliveira, se expõe como numa montra, à vista de todos e também do cineasta. Essa exposição permite um julgamento moral e estético, como se a mulher fosse um objecto cuja beleza e cuja moral fossem, simultaneamente, produto da invenção do homem e sujeito incompreensível, talvez por não ser humano. A mulher surge, assim, como objecto de fruição erótica e sujeito de uma interrogação ontológica. Porém, à semelhança dos cineastas anteriormente citados [Buñuel, Hitchcock], também eles tocados pela religião católica como Oliveira, a mulher é o princípio do mundo e origem do homem.

A caracterização da personagem feminina em *Viagem ao princípio do mundo* não foge à regra, embora o filme discuta outra questão: a migração sob o prisma da memória. Assim, Oliveira fecha a década retornando à temática nacional de *Non*, mas na contramão, pois não lhe interessa a expansão histórica, senão a história individual de um emigrante (um ator francês cujo desejo de conhecer a aldeia do pai desencadeia a viagem do filme). Em vez de questionar a identidade portuguesa para afirmá-la no final, o filme oferece dois modelos de lembrar a história: um individual e um coletivo. Mauro Rovai compara essas duas formas de memória, das quais uma é representada pelas lembranças do diretor (um *alter ego* do próprio Oliveira), que se depara com a destruição dos lugares da sua infância, e a outra se baseia na forma como os habitantes do Portugal profundo lidam com o passado. O autor chega à seguinte conclusão sobre a razão da comparação no filme:

> Isso não sugere necessariamente uma forma mais humana ou mais justa de lidar com o passado, todavia, nos coloca diante de uma maneira diferente de percebê-lo. Em vez de lugares arruinados, uma pequena aldeia que possui algumas práticas sociais (portar-se à mesa, armazenar mantimentos, o que vestir, como guardar o luto etc.) que oferecem uma maneira distinta de lidar com a passagem do tempo (ROVAI, 2008, p. 133).

Pelo seu anacronismo, essa forma distinta de lidar com o tempo não é apresentada como alternativa. Mas ela possui uma dignidade oposta às ameaças da modernidade, que são interpretadas como geradoras de destruição, desumanização e guerra (o conflito no que era então Iugoslávia). Ainda assim, *Viagem ao princípio do mundo* apresenta contradições parecidas com aquelas apontadas nos seis filmes sobre a expansão marítima e os mesmos elementos paradoxais encontrados nos trabalhos sobre o paradigma do amor, que se debatem com o binarismo associado ao catolicismo. Curiosamente, apesar de todos esses filmes mitificarem a mulher, eles demonstram, por outro lado, através de referências à situação europeia ou à situação política internacional e de evocações a elas, uma preocupação com o cenário geopolítico contemporâneo que surge de uma visão humanista dos desafios do homem no mundo moderno.

Figura 44: Cartaz de *Singularidades de uma rapariga loura* (Manoel de Oliveira, 2009)

O interesse na alta burguesia portuguesa mantém-se e se estende da década de 1990 (*Inquietude* e *A carta*) até os filmes do novo milênio, nomeadamente para *O princípio da incerteza* (2002), *O espelho mágico* (2005), *Belle toujours/Sempre bela* (2006) e *Singularidades de uma rapariga loura* (2009), no contexto tanto local quanto europeu (francês). No mundo dos ricos, a vida é claustrofóbica devido à hipocrisia das convenções, emprestadas da religião católica. Intercalando-os entre os filmes que procuram posicionar Portugal perante a nova ordem global, Manoel de Oliveira foca cada vez mais nas mulheres. É nítida a sua vontade de entender a condição feminina que se debate entre ideias acerca do bem e do mal, da santidade e do pecado, impostas pelo homem. Mesmo assim, não consegue abrir mão da mitificação, frequentemente associando a mulher à natureza ou retratando-a como volúvel.

Em *O princípio da incerteza,* baseado num romance de Agustina Bessa-Luís, a jovem Camila (Leonor Baldaque) é ainda obrigada na atualidade a casar-se por interesse, enquanto a devassa Vanessa (Leonor Silveira) possui o direito (masculino) de escolher o parceiro e de manipulá-lo. As mesmas atrizes invertem a sua posição na sociedade em *O espelho mágico,* novamente com base num livro de Bessa-Luís, em que Alfreda (Leonor Silveira) é uma aristocrata estéril e obcecada com o desejo de ver a Virgem Maria, e Vicenta (Leonor Baldaque), uma manipuladora que faz o papel da Virgem em troca de dinheiro. O que está em causa é a fluidez das definições atribuídas às mulheres, como explica Paola Poma (2010, p. 241):

> Como uma espécie de holografia, as várias faces das duas mulheres se interpõem e se recompõem numa outra ordem, não mais a da fixidez, qualidade intrínseca do cinema, mas tangenciando a ficção, a memória e a realidade simultaneamente. Todas as mulheres estão lá, arquetípicas, com o princípio da incerteza movendo os seus desejos.

A divisão cada vez maior entre o refinamento estético do cinema de Oliveira e as perspectivas paradoxais – seja por destacar os valores portugueses como resolução para a situação do mundo contemporâneo, seja por debater as ideias bíblicas relacionadas ao papel das mulheres – pode ser observada nos penúltimos dois filmes: *Cristóvão Colombo – o enigma* e *Singularidades de uma rapariga loura.* Apesar de desvendar a dimensão ambivalente da sugestão de que Colombo foi português, o filme sobre o navegador genovês afirma, como nenhum outro antes, a vocação universalista do povo de Portugal, através da sua disposição de navegar por mares desconhecidos. *Singularidades de uma rapariga loura*, por sua vez, demonstra como a personagem principal Macário (Ricardo Trêpa), um homem cujos valores de amor romântico se tornaram anacrônicos, se deixa levar pelas aparências (mais uma abordagem do problema da representação do verdadeiro) e se apaixona por uma jovem bela, mas cleptomaníaca (Catarina Wallenstein). Ou seja, o filme possui uma mulher cujo mistério é desvendado e se revela vazio, servindo, como nota Silvana de Oliveira (2010, p. 79), como representante paradigmática de uma ordem "em que o dinheiro é o valor máximo e se sobrepõe ao amor e à amizade".

Conclusão

O conjunto da obra de Manoel de Oliveira estende-se por oito décadas e abrange mais de 50 filmes (entre curtas, médias e longas-metragens). Seria demasiado ambicioso tentar tirar conclusões definitivas sobre a relação entre a condição humana e as dimensões geopolíticas presentes nesse conjunto. No entanto, gostaria de apontar as linhas de força que se revelaram neste estudo.

No início da carreira, em 1931, o diretor usa em *Douro, faina fluvial* o local como plataforma para falar de questões mais universais, pois elas dizem respeito à condição humana no mundo moderno em vias de industrialização (sendo o atraso tecnológico de Portugal responsável por essa sensibilidade). Depois, o método universalista parte do nacional, quando a tendência portuguesa para a repressão é revelada pela primeira vez através do local em *Aniki-bóbó*, o primeiro longa-metragem, de 1942. Esse método surge com força apenas em outro documentário, *Acto da primavera*, de 1962. A transgressão humana e o problema de se redimir do pecado persistem, contudo, na denúncia das perversões da alta burguesia portuguesa na "tetralogia dos amores frustrados", filmada de 1972 a 1981.

A questão do poder, abordada através dessa elite local, ganha um novo enquadramento quando a situação política não só se altera mas também alcança uma nova escala: a supranacional, em *O sapato de cetim*, um ano antes da adesão de Portugal à Comunidade Europeia, em 1986. A produção transnacional faz da nata dos estados europeus e da sua história imperialista o seu alvo, embora seja mantida a problemática do amor como ponto mais fraco do homem, visto agora como troféu na luta entre o mundano e o espiritual.

Após discutir a supranacionalidade e podendo contar com o apoio financeiro dessa realidade geopolítica, Oliveira avança para a próxima escala, até então só presente em seus médias-metragens. *O meu caso*, de 1986, apresenta o homem moderno como personagem principal que se espelha no Jó bíblico, ou seja, constrói uma personagem universal que serve de referência para toda a cultura ocidental contemporânea. O mesmo ocorre com *Os canibais*, cuja personagem principal aponta a validade da parábola do século XIX para os tempos de hoje – apesar de o filme ser situado em Portugal.

Non ou a vã glória de mandar, de 1990, muda o registro, pois aborda o envolvimento de Portugal no imperialismo europeu, mas inclui agora o aviso de que o país possui no fundo uma vocação universalista que o distingue das outras nações e que consiste na "dádiva" dos descobrimentos, transnacionais em seu ímpeto. A fase que se debate com as possibilidades e as restrições dessa escala se encerra com *A divina comédia*, que aborda da forma mais complexa e intertextual possível a negociação do ser humano com o pecado. A escala é a mesma de *O sapato de cetim* e de *O meu caso*: a cultura ocidental. Porém, ela aparece livre de suas implicações geopolíticas, fazendo com que o diretor atinja com esse filme o auge do seu método universalista original.

Com Portugal no mapa mundial como cinema de visão própria (associado, sobretudo, ao cineasta Oliveira) e após seis décadas de atividade irregular, o diretor entra no ano da produção desse filme,

1991, em sua fase mais prolífica. A partir daí explora os seus temas de diferentes ângulos, aprofundando um em especial: a condição feminina e a relação dela com a polarização cristã entre o bem e o mal, entre a santidade e o pecado. Como nos primeiros filmes, o diretor volta para a escala local para contextualizar a mulher e os seus desejos, com Portugal como pano de fundo conservador e, dependendo da época escolhida, repressor. Quando o modo de produção o permite, Oliveira cruza as fronteiras: diversas vezes para a França, uma vez para o Brasil e uma vez para os Estados Unidos. Nestes últimos casos, volta a apontar a vocação universalista da sua nação, atribuindo a Portugal o potencial de desempenhar um papel importante na nova ordem global.

O último ponto de viragem, no que diz respeito à relação entre a condição humana e a dimensão geopolítica anuncia-se durante a crise na Iugoslávia em *Viagem ao princípio do mundo*, de 1997, filme em que os problemas políticos são apenas mencionados, ficam em segundo plano. Só após o atentado terrorista em 11 de setembro de 2001, quando esses problemas se fazem notar de forma mais contundente, o global toma fôlego na obra do cineasta, mesmo que não seja como única preocupação, pois o interesse na investigação da condição feminina mantém-se. Nos filmes de viés geopolítico, o local ou o nacional servem como ponto de partida para criticar a hegemonia das nações poderosas – da União Europeia e dos Estados Unidos –, bem como para assinalar as verdadeiras virtudes cristãs, cuja preservação em Portugal o diretor aponta desde *Acto da primavera*.

Seguindo o seu desejo de investigar a condição humana através dos conceitos-chave da ética cristã – o pecado e a redenção – e desenvolvendo uma estética que questiona a capacidade do cinema de representar qualquer verdade, Manoel de Oliveira incorporou os problemas nacionais – o autoritarismo antes e depois da ditadura salazarista –, o supranacional – a Comunidade Europeia e o seu imperialismo – e o transnacional – a vã glória de mandar do império português, mas também a importância de seus descobrimentos –, deu visibilidade ao cinema português no contexto mundial e comentou ainda a globalização e a nova ordem que dela resulta. A análise desses filmes nas mais diversas e interconectadas escalas me leva a pensar que os mais extraordinários e indisciplinares são aqueles em que Manoel de Oliveira segue sem preocupações geopolíticas o seu método universalista, que surge da tentativa de equacionar o pecado e a redenção do homem no mundo moderno, seja através do local ou de forma mais abstrata.

Os filmes que comentam mais diretamente a situação geopolítica de Portugal, da Europa e do mundo acabam, em minha opinião, por serem involuntariamente paradoxais (isso vale também para aqueles que procuram quebrar as oposições binárias da condição feminina estabelecidas na Bíblia), pois defendem demasiado as virtudes da nação marítima e substituem o interesse na condição humana pelo elogio pessoano (e não só) da vocação universalista de Portugal. Arrisco-me a afirmar que a força do cinema de Oliveira reside na exploração das tensões entre a condição masculina e o mundo moderno, ou entre este e a sua herança judaico-cristã, ou seja, quando os seus filmes dizem respeito ao dilema político-estético do próprio diretor.

O cinema português no final do milênio[1]

A última década do século XX pode ser vista como aquela que trouxe a maior estabilidade ao cinema português. Após décadas de crise, os anos 1990 apresentam não só o maior número de produções já rodadas, como também novos caminhos na produção cinematográfica, além de uma considerável diversificação em termos de temas e estilos.

Em nível institucional e legislativo, a década de 1990 foi um reflexo da nova situação política de Portugal, sobretudo de seu papel no contexto internacional, com destaque para a integração na Comunidade Europeia, mas também de seu relacionamento com o resto do mundo, principalmente com as antigas colônias. Ao longo da década houve redefinições interiores do papel do Estado em relação à cultura, além de uma busca de traduzir as exigências e os desafios exteriores, devido ao cenário geopolítico ou devido às mudanças tecnológicas no mundo audiovisual.

Dessa situação resultou a criação de um Ministério da Cultura, em 1995, pelo governo do PS (Partido Socialista), eleito naquele ano. Podem ser atribuídas diversas iniciativas importantes no domínio do cinema ao novo ministério, sendo as mais importantes a atividade

---

[1] Este capítulo foi publicado com o título "1990-1999 – Estabilidade, crescimento e diversificação" em CUNHA, Paulo; SALES, Michelle (orgs.). *Cinema Português: um guia essencial*. São Paulo: SESI-SP editor, 2013, p. 238-267.

do ANIM (Arquivo Nacional de Imagens em Movimento) – projeto lançado no governo anterior, do Partido Social Democrata (PSD) –, a reabertura da Sala de Cinema do Palácio Foz e a conclusão da requalificação da Cinemateca. Estabeleceram-se novos regulamentos de apoio à produção cinematográfica e aumentou-se o financiamento de curtas-metragens, de filmes de animação, de documentários, de primeiras obras e de longas-metragens.[2] Dessa forma, chegou-se ao apoio de aproximadamente 20 filmes por ano, mesmo que desses nem todos foram concluídos ou tenham estreado comercialmente nos cinemas. A elaboração de uma nova Lei do Cinema, os protocolos com a RTP (Rádio Televisão Portuguesa) para garantir o apoio do serviço público de televisão à produção de cinema português e com a SIC (Sociedade Independente de Comunicação), visando a produção de telefilmes, dos quais alguns estrearam também no cinema.

Foi também uma década em que as atividades relacionadas com a divulgação do cinema se multiplicaram, ou através da criação de festivais, ou no contexto de eventos pontuais. A primeira edição do Festival de Curtas de Vila do Conde ocorreu em 1993; a criação da Agência das Curtas Metragens, em 1999; o Festival Luso-Brasileiro de Santa Maria da Feira arrancou em 1996. Os grandes eventos culturais em Lisboa – Capital Europeia da Cultura em 1994 e organizadora da Expo'98 – tiveram programação cinematográfica abrangente, bem como as comemorações do centenário do cinema em Portugal.

No início da década, João Bénard da Costa (1991) perguntou-se sobre o futuro do cinema português e apontou dois possíveis caminhos, referindo-se dessa forma à polêmica que alimentara o debate sobre o cinema de forma aguda ao longo dos anos 1980. O autor questionava se vingaria o cinema autoral, cunhado nos anos 1980 como "escola portuguesa", ou se o cinema comercial passaria à frente; ou seja, se

2   No contexto deste capítulo, concentrar-me-ei apenas nos filmes de ficção e não entrarei em detalhes sobre a produção de curtas-metragens, filmes de animação e documentários. A década seguinte trará maior notoriedade a esses formatos e gêneros.

irá triunfar em Portugal o *cinema europeu*, submergindo sob a uniformidade a *originalidade* do nosso cinema das três últimas décadas, ou essa originalidade continuará a ser o nosso trunfo de exportação, fazendo de Portugal, em metáfora utilizada por António-Pedro Vasconcelos, uma *região demarcada* de produção cinematográfica? (COSTA, 1991, p. 184).

Pretendo demonstrar neste capítulo que a diversidade nos modos de produção, nos temas abordados e nas estéticas empregadas não afirma nem uma posição nem outra. Pelo contrário, argumentarei que o cinema português deixou para trás esse tipo de oposição binária, embarcando numa fase em que o cinema para o grande público convive com o cinema de arte; as coproduções de televisão com as coproduções transnacionais (sejam europeias, sejam de língua portuguesa); o financiamento privado com o financiamento público; e as temáticas nacionais ou regionais com as universais. Embora as polêmicas sobre a relação entre cinema de autor e cinema comercial tenham persistido nos discursos, na década a seguir, através da criação de novas leis e de um fundo especial, o Fica (Fundo de Investimento do Cinema e Audiovisual), houve mudanças marcantes que caracterizaram esses anos como um novo capítulo dentro da história do cinema português. Tentarei apontar essas tendências para, no final, poder contextualizar e avaliar melhor essa década.

Administração e legislação

Certo atraso na administração do cinema em nível governamental se fez notar de forma diferente nos anos 1990. As décadas de 1970 e 1980 estiveram marcadas, sobretudo, pela criação de um suporte institucional, o IPC (Instituto Português do Cinema), instaurando retardadamente uma legislação que datava ainda do período ditatorial (1971), num momento de grande instabilidade política. A redefinição do apoio financeiro dentro desse contexto foi abalada constantemente pela rápida sucessão dos primeiros governos democráticos, afetando profundamente o orçamento disponível. A década de 1990, por sua vez, contou com circunstâncias mais estáveis, que resultaram da nova situação como membro da União Europeia, trazendo consigo a possibilidade de aumentar as verbas para o cinema e de aproveitar a forte influência da legislação já existente no espaço comunitário europeu.

As alterações ocorreram, consequentemente, mais em termos de agregar essa legislação (especialmente em relação às coproduções) e de alargar a responsabilidade da instituição encarregada com o apoio à criação, produção, exploração e divulgação da produção cinematográfica, visando contemplar também as outras áreas audiovisuais. Acompanhado por gestos de aumento de verba, o IPC mudou duas vezes de nome, ganhando nova legislação, tanto para a instituição quanto para a área como um todo. Primeiro, tornou--se em 1994 o Ipaca (Instituto Português da Arte Cinematográfica e Audiovisual), integrando o recém-criado Secretariado Nacional para o Audiovisual. Pouco depois, em 1997, os governantes procuraram responder ainda mais aos novos tempos, acompanhando mudanças relacionadas à indústria, à tecnologia e à comercialização do cinema através da adoção do título Icam (Instituto do Cinema, Audiovisual e Multimedia).[3]

Não houve apenas a tentativa de melhorar o funcionamento da instituição através de uma nova nomenclatura; o desenvolvimento da área foi apoiado através da entrada em vigor da nova Lei do Cinema, em 1993 (Decreto-Lei nº 350/93, de 7 de outubro), que substituiu a lei marcelista de 1971. Nessa nova lei contemplou-se a integração na União Europeia, através da extensão do financiamento

---

3 Em 2007, muda novamente de nome, devido à Lei nº 42/2004, Lei da Arte Cinematográfica e do Audiovisual, e por causa do Decreto-Lei nº 227/2006, que criou o Fundo de Investimento para o Cinema e Audiovisual, além da nova lei orgânica do Ministério da Cultura de 2007, tornando necessária uma nova reestruturação do instituto, que ganha o nome de IP (Instituto do Cinema e do Audiovisual) (ICA, IP).

para coproduções com níveis mínimos de participação portuguesa e da atribuição do título de filme nacional a essas produções. No espírito da política da União Europeia, essa lei frisa ainda a importância da livre circulação de filmes e profissionais da área e das coproduções, atribuindo cotas de distribuição aos filmes portugueses e europeus. Reconhecendo a importância do cinema e a responsabilidade do Estado de financiá-lo, ela estabelece detalhadamente as responsabilidades estatais nas diversas áreas da produção e da divulgação cinematográfica.

Foi definido em portaria própria o financiamento seletivo, ou seja, a verba disponibilizada pelo governo para a criação de roteiros e filmes, recolhida, como explica João Bénard da Costa (1991, p. 184), através de uma taxa sobre as receitas da Radiotelevisão Comercial, empresa solidária dos dois canais estatais da RTP. Além disso, o governo aumentou diversas vezes o orçamento destinado à instituição responsável: em 1996, quando a direção do IPACA tomou posse, foi anunciado o reforço de meio milhão de contos no orçamento para o mesmo ano; em 1997, quando se anunciou a verba para produção, foi previsto um aumento de 77%; e, em 1998, foi divulgada a disponibilização de um milhão e 600 mil contos para o setor (MATOS-CRUZ, 2002, p. 18-19). Esse reforço orçamental se deveu essencialmente ao início das emissões dos dois operadores de televisão privados (SIC, em 1992, e TVI, em 1993), o que fez aumentar consideravelmente as receitas provenientes da taxa sobre a publicidade. Havia não só mais dinheiro, mas também uma maior ambição ou uma maior necessidade de se afirmar em termos cinematográficos em nível europeu/internacional.

Não quero dizer com isso que foi alcançada uma situação ideal, pois as críticas ao modelo de financiamento (a dependência do Estado) e as dificuldades de afirmar uma indústria própria portuguesa com maior número de produções mantiveram-se. Porém, em comparação com décadas anteriores, é possível notar pelo menos uma maior vontade política, que possui como horizonte o modelo europeu.

As coproduções

Nos anos 1990, aumentou também o financiamento através de protocolos internacionais de coproduções. O desejo de colaborações internacionais aparece muitas vezes na história do cinema português (especialmente em relação ao Brasil e à Espanha), mas nunca foi verdadeiramente realizado nos moldes aspirados. Os acordos proliferaram ao longo da década e se traduziram de fato num grande número de projetos realizados em coprodução. Em termos legislativos, eram guiados pela Convenção Europeia sobre Co-Produção Cinematográfica, ratificada em 1995. Embora os acordos com os países de língua portuguesa, seja com o Brasil, seja com os Palop (Países Africanos de Língua Portuguesa), tenham sido assinados sensivelmente mais cedo e em maior número (em 1981, fora realizado o primeiro acordo desse tipo com o Brasil; em 1989, viria o Acordo Cinematográfico entre Portugal e Cabo Verde; em 1992, com Angola; e, em 1994, com São Tomé e Príncipe), no final dos anos 80 e ao longo dos anos 1990 surgiriam mormente acordos com o espaço europeu, tanto cinematográficos (Alemanha, em 1989; Itália, em 1997) quanto de cooperação cultural (Irlanda, em 1991; Tunísia e Israel, em 1993) (MATOS-CRUZ, 2002, p. 17-20).

As colaborações cinematográficas com a França (o acordo data de 1981) tiveram maior destaque, quando comparadas com as realizadas com qualquer outro país colaborador. Dos 107 filmes estreados[4] entre 1990 e 1999 (91 longas-metragens de ficção, 10 médias--metragens, 2 documentários em formato de longa-metragem e 4 médias, ver MATOS-CRUZ, 1999), 47 são coproduções com a França,

---

4   Apesar de não levar em consideração curtas-metragens, documentários e filmes de animação, é importante lembrar que dados do ICA demonstram que o número de filmes produzidos, também longas-metragens de ficção, é superior ao dos filmes de ficção estreados (www.ica-ip.pt).

resultado, mais do que tudo, dos esforços do produtor Paulo Branco e de sua produtora francesa, Gemini Films. Todavia, diretores como Manoel de Oliveira, João Botelho ou António-Pedro Vasconcelos conseguiram apoio por parte de outras produtoras francesas, ou através de canais de televisão, como La Sept e France 2. Dos países europeus que juntaram esforços na produção cinematográfica com Portugal ao longo da década de 1990, destacam-se ainda a Espanha, com 19 produções, a Alemanha, com sete, a Inglaterra e a Suécia, com quatro cada uma, bem como alguns países menores como a Bélgica, com cinco, a Dinamarca, com três, Luxemburgo, com três, e a Suíça, com duas.[5]

As produções com os Palop (uma com Angola, três com Cabo Verde, uma com Moçambique) e com o Brasil (nove produções), não obstante a importância histórica dessas parcerias e sua participação admirável na abertura do cinema português ao debate sobre a história colonial ou às relações tanto históricas quanto contemporâneas com as ex-colônias – sobretudo em relação à questão da migração –, não foram tão numerosas como a proliferação de acordos poderia sugerir e só aumentariam significativamente na década seguinte.

Merece ainda relevo o papel imprescindível dos canais de televisão nesse contexto das coproduções cinematográficas nos anos 1990, pois nesses anos ganha visivelmente em impacto. A RTP, rede de televisão pública, teve grande importância para o cinema português desde a sua criação, em 1956. Primeiro de forma negativa, pois não só tirava o público do cinema mas também absorvia talentos que enfrentavam o dilema de fazer cinema no contexto da ditadura e da Lei de Proteção ao Cinema Nacional, que exigia certa dose de patriotismo. Contudo, tornara-se um dos principais divulgadores do cinema português ao longo das próximas décadas, além de produzir algumas das obras mais importantes do cinema português,

---

5   Estados Unidos, Itália, Irlanda, Japão, Holanda e Macau trabalharam apenas uma vez com Portugal em coproduções.

com destaque para *Amor de perdição* (1978), de Manoel de Oliveira, apesar de esse filme não ter sido idealizado originalmente como série de televisão. Na década de 1990, assistiu-se a um aumento de coproduções com esse canal público, contabilizando no total 38 filmes, nada menos que 35% de todas as produções nacionais – além de 18 filmes totalmente patrocinados pelo mesmo canal.

Os diretores das coproduções são na grande maioria pessoas relacionadas ao cinema de arte. Encontramos Manoel de Oliveira, autores associados ao Novo Cinema, como João César Monteiro, José Fonseca e Costa, Paulo Rocha, António de Macedo e António-Pedro Vasconcelos – sendo estes últimos diretores que já fizeram filmes autorais, embora abertos a uma linguagem mais narrativa e com intuito comercial, como ocorre também nos casos de Luís Filipe Rocha e Luís Galvão Teles – e diretores da década de 1980, como João Botelho e João Mário Grilo, mas também a nova geração de cineastas que surge nos anos 1990, como Teresa Villaverde, Pedro Costa, Manuela Viegas e João Canijo.

A televisão foi ainda responsável por filmes para o grande público, sobretudo a televisão privada. No início dos anos 1990, fora aberto o espaço televisivo à iniciativa privada, possibilitando a criação de canais televisivos que vieram participar na produção cinematográfica. Enquanto a TVI (Televisão Independente) teve participação mínima (apenas um filme patrocinado), a SIC (Sociedade Independente de Comunicação) coproduziu cinco filmes, que, devido à sua forma de produção, promoção e distribuição, e também pelo grande sucesso na bilheteria, não só abriram uma fonte de financiamento ao cinema (através da receita), mas também significaram uma nova sinergia entre cinema e televisão, bem como uma memorável afirmação do cinema comercial.

Jorge Leitão Ramos (2007, p. 215-216) explica detalhadamente a estratégia e as consequências dessa cooperação, incentivada pela produtora MGN, de Tino Navarro:

> O empreendimento assentava num tripé constituído pela MGN, a SIC e a Lusomundo (grupo líder de mercado no sector da distribuição e exibição cinematográficas). A MGN produzia (mas sempre a partir dos inevitáveis subsídios estatais), a SIC participava com uma massiva campanha promocional, a Lusomundo distribuía e exibia, com um forte contingente de cópias, a níveis nunca antes experimentados. [....] O esquema inaugurou-se com *Adão e Eva* de Joaquim Leitão, em 1995 – e daria origem a quatro assinaláveis sucessos de público: *Adão e Eva*, *Tentação* de Joaquim Leitão (1997), *Zona J* de Leonel Vieira (1998) e *Inferno* de Joaquim Leitão (1999). Outros produtores acederam também, no mesmo período, à parceria com a SIC (e com a Lusomundo), sempre recolhendo excepcionais resultados na bilheteira [...].

Esses filmes usam uma linguagem cinematográfica convencional, mas atraente[6] ao grande público, aproveitando temáticas mais ou menos polêmicas na sociedade portuguesa, como a imigração africana, a tensão entre os gêneros masculino e feminino, os traumas dos ex-combatentes na Guerra Colonial na África, ou ainda o amor de um padre por uma mulher viciada em drogas.

Diretores, recepção nacional e prêmios internacionais

A média de aproximadamente 11 filmes realizados por ano ao longo da década de 1990 – um número razoável e até grande quando comparado aos de décadas anteriores – possibilitou certa continuidade de produção para alguns cineastas, bem como a revelação de novos nomes. Contudo, o caso de Manoel de Oliveira, que realizou dez filmes nos anos 1990, ou seja, um filme por ano, é certamente a

---

6   O caso mais famoso é a perseguição de carros no início de *Zona J*, um elemento dramatúrgico típico do cinema de Hollywood, mas nunca realizado antes em Portugal.

grande exceção e resulta, como reclama António-Pedro Vasconcelos (2008) em blog na internet, de uma política de atribuição de verbas pouco democrática por parte da instituição responsável:

> Por acaso, do que me lembro acerca desse assunto, sei bem que existe um subsídio fixo para Manoel de Oliveira – não digo de quanto, porque já não tenho presente, mas posso dizer que era substancialmente superior a qualquer outro dos subsídios – e que, neste aspecto, existem mesmo "vacas sagradas". Por muito respeito que se tenha a Manoel de Oliveira – e eu tenho, muito embora o único filme que tenha visto do realizador português tenha sido um documentário sobre a cidade do Porto, do tempo em que Oliveira ainda era jovem – este tipo de subsídio *a priori* não faz absolutamente nada pelo cinema jovem, pelo cinema não alinhado e especialmente pelo cinema "sem nome" – e acaba por matar, à partida, todo e qualquer projecto inovador. E se, para Manoel de Oliveira é assumidamente fixo, para outros realizadores e produtores, acaba por sê-lo também, mas de forma dissimulada.

Deve ser lembrado que a produtividade de Manoel de Oliveira resultou também de financiamento através de coproduções, seja com a televisão, seja com produtoras estrangeiras. Mas é certo que apenas Joaquim Leitão, representante de um cinema mais comercial, que financia seus filmes através de coprodutoras nacionais, tanto do setor privado como do público (RTP e SIC), conseguiu fazer um número de filmes (cinco) que se aproxima à produção de Oliveira na mesma década.

Diretores de gerações anteriores marcaram presença nos anos 1990, mas apenas esporadicamente. Nomes associados ao Novo Cinema, como Fernando Lopes, Eduardo Geada, Alberto Seixas Santos e António da Cunha Telles se mantiveram em atividade, mas apenas com um filme cada um ao longo da década. Paulo Rocha, Fernando Matos Silva, José Fonseca e Costa, António-Pedro

Vasconcelos e António de Macedo conseguiram realizar pelo menos duas produções cinematográficas no mesmo período. Devido ao reconhecimento nacional e internacional, João César Monteiro produziu quatro filmes. Houve também continuidade em relação à década anterior: João Botelho realizou quatro filmes e João Mário Grilo, três. Novatos como Teresa Villaverde, Pedro Costa ou Margarida Gil, cujo primeiro filme data de 1989, começaram a sua produtividade com três filmes, ganhando rapidamente reputação nacional e internacional devido às suas opções estéticas. A esse grupo pertence ainda João Canijo, que regressou de uma carreira na televisão para chamar a atenção da crítica com dois filmes no final da década. O surgimento de novos cineastas foi facilitado através da legislação, estabelecida em 1996 (Portaria nº 317/96, de 29 de julho), que serve de base à criação formal do concurso de apoio para primeiras obras de ficção. A primeira seleção do tipo, aberta ainda em 1996, resultou na atribuição de apoio financeiro a dois projetos (*A janela* e *Glória*).

A proliferação de filmes e talentos é acompanhada por um reconhecimento do cinema português pelo público, mesmo que exclusivamente através de filmes de cariz comercial. A década de 1980 já produzira filmes de sucesso que conquistaram uma adesão pouco comum na história do cinema português. Todavia, filmes dos anos 1990 se tornaram rapidamente campeões de bilheteria, sobretudo a partir de 1995. António-Pedro Vasconcelos repetiu o seu grande sucesso de público dos anos 1980 (*O lugar do morto*, de 1984) com o filme *Jaime* (1999), que obteve 220.925 espectadores até o ano 2000 (Icam, 2000, p. 150) e estreou em 37 salas de cinema em todo o país. Tanto esse filme como *Tentação* (1997), de Joaquim Leitão, líder absoluto na década, com 346.032 espectadores, *Adão e Eva* (158.613 espectadores), do mesmo diretor, *Zona J* (239.446 espectadores), do jovem Leonel Vieira – outro estreante – e *Pesadelo cor de rosa* (185.472 espectadores), de Fernando Fragata, são coproduções com a SIC. Outro filme de maior divulgação foi *Adeus pai* (100.410 espectadores), de Luís Filipe Rocha, coprodução com a RTP. Todos esses filmes conseguiram agradar o público de tal forma que entraram na lista dos dez filmes mais vistos de sempre do cinema português. Em comparação, *As bodas de Deus*, obra-prima de João César Monteiro, estreado em apenas cinco salas de cinema, obteve 13.500 espectadores.

É preciso referir um detalhe: o poder aquisitivo aumentara ao longo da década devido aos financiamentos da União Europeia, e as salas de cinemas e as telas quase duplicaram – de 218 para 423 salas, e de 339 para 584 telas, entre 1996 e 1999 (Icam, 2000, p. 151). Quando esses números de salas e de espectadores, mas também o do PIB (Produto Interno Bruto), são comparados com os do resto da Europa, como aconteceu em pesquisa realizada pelo Observatório Europeu do Audiovisual (1997), fica evidente que o

> cinema e [o] setor audiovisual são subdesenvolvidos em Portugal [...] sendo que sofrem restrições significativas. Portugal possui o menor número de écrans de cinema, a menor taxa de espectadores per capita na União Europeia, bem como a menor receita de bilhetes vendidos para filmes nacionais.

Embora o cinema hollywoodiano tenha absorvido o maior interesse do público português, com 95% (EUROPEAN AUDIOVISUAL OBSERVATORY, 1997) – é o maior em toda a Europa –, o fato de 346.032 espectadores terem visto *Tentação* no mesmo ano demonstra um renovado interesse do público em produções nacionais, mesmo que ele seja pontual.

A percepção internacional do cinema português, que, fortemente ligado à figura de Manoel de Oliveira e outros autores da assim chamada "escola portuguesa", aumentara nos anos 1980, diversificou-se moderadamente na década de 1990, em que o mestre completou 90 anos. Oliveira esteve onipresente, sobretudo por causa dos inúmeros prêmios que recebeu pelo conjunto de sua obra. Locarno, Mar Del Plata, Montreal, San Francisco, Roma, Pescara,

Tóquio – em todos esses festivais internacionais, Manoel de Oliveira foi homenageado através de um prêmio. No circuito competitivo dos festivais, os filmes do cineasta receberam diversas nomeações, desde Cannes até São Paulo, mas na maioria dos casos não ganharam a premiação principal, levando para casa sobretudo o prêmio da crítica, do júri ou outro prêmio menor. Em Veneza, Oliveira recebeu o Grande Prêmio do Júri em 1991, com *A divina comédia*; o mesmo ocorreu com *Vale Abraão* em 1993 em São Paulo e em Tóquio, e ainda em Cannes, em 1999, com *A carta*. Somente Haifa deu a maior distinção para *A viagem ao princípio do mundo*, em 1997.

João César Monteiro foi menos notório, apesar de realizar filmes importantíssimos no contexto de sua carreira e da história do cinema português. Ganhou em Mar Del Plata, com *As bodas de Deus*, em 1993, além de uma nomeação em Veneza para *A comédia de Deus*, em 1995, festival em que acabou ganhando o prêmio do júri. Não obstante, a década de 1990 lhe trouxe o maior reconhecimento internacional em termos de nomeações de toda a sua carreira.

Os jovens diretores que mais se destacaram em nível internacional foram Pedro Costa e Teresa Villaverde. *Casa de lava*, de Pedro Costa, ganhou tanto em Belfort como em Thessaloniki, em 1994. *Ossos* foi premiado em Veneza pela fotografia, em 1997, e ganhou ainda o prêmio de melhor filme em Belfort. Teresa Villaverde, por sua vez, conquistou o prêmio de melhor diretora em Valência com *Três irmãos*, de 1994, e recebeu o prêmio Elvira Notaria no festival de Veneza. Com *Os mutantes*, de 1998, ganhou o prêmio de melhor filme em Seattle e foi nomeada em Buenos Aires. Da nova geração, Margarida Gil foi ainda nomeada para Locarno com *Rosa negra* (1992); Manuela Viegas, para Berlim, com *Glória* (1999); enquanto João Botelho mostrou em Veneza o seu filme *Tráfico* (1998).

Esse panorama de prêmios internacionais não é extraordinário e teve menos repercussão na crítica do que acontecera no início da década de 1980, mas foi certamente o suficiente para lembrar a comunidade cinematográfica internacional da existência de Portugal, bem como assinalou o surgimento de grandes talentos.

Temas e estéticas dos filmes

O legado colonial

91 longas-metragens de ficção estrearam entre 1990 e 1999, dos quais 11% foram realizados pelo seu mais veterano cineasta, Manoel de Oliveira. O mestre iniciou a década com uma temática pouco comum na história do cinema português: a Guerra Colonial, na África.[7] Analisado no terceiro capítulo, lembro que *Non ou a vã glória de mandar* conta com gesto largo não só a guerra, mas, através de *flashbacks*, narra parte da história portuguesa de expansão, escolhendo eventos como a traição de Viriato, a batalha de Toro, a morte do príncipe Dom Afonso, a batalha de Alcácer Quibir e o canto IX de *Os Lusíadas*, de Luís de Camões. A temática nacional, ou seja, a perdição, mas também a grandeza da nação portuguesa, fora até então apenas assunto na literatura e na poesia portuguesas. Esse filme, amplamente comentado (BAECQUE e PARSI, 1996) e estudado (LOURENÇO, 2004; MONTEIRO, 2004; RAMOS, 2004; FERREIRA, 2005A; JOHNSON, 2007; FERREIRA, 2008a), demonstra um paradoxo que, como já discutimos em capítulo anterior, será importante em mais cinco filmes do mestre na primeira década do próximo milênio. Apesar da indiscutível importância de *Non* para o debate sobre a identidade nacional, recordo aqui a pertinente observação de Jorge Leitão Ramos (2004, p. 77) de que o filme poderia ter agradado até um dos maiores ideólogos do cinema português nos tempos do ditador Salazar: "Deste modo, poderemos dizer que é um dos mais nacionalistas de todo

---

7 Até então, apenas um filme abordara a Guerra Colonial de forma direta, mostrando cenas de conflitos na África. Em *Um adeus português* (1985), João Botelho examinara o impacto da memória da Guerra Colonial através de uma família que se sente imobilizada por causa da morte de um filho (ver FERREIRA, 2005).

o cinema português e, sem ironia nem sobra de má-fé, supor que António Ferro teria gostado muito dele". Não deixa de ser curioso que Oliveira, ao escolher essa temática, agiu novamente como o vanguardista que sempre foi: inaugurou uma das temáticas que mais se destacou nos anos 1990 e que está presente de múltiplas formas num grande número de filmes da década, sejam eles comerciais, sejam de autor. A problemática do colonialismo e da expansão portuguesa, bem como de seu legado, aparece em quase todos os (poucos) filmes históricos da década de 1990: *Aqui d'el rei* (António-Pedro Vasconcelos, 1991), *Amor e dedinhos de pé* (Luís Filipe Rocha, 1991), *O judeu* (Jom Tob Azulay, 1995), *Os olhos da Ásia* (João Mário Grilo, 1996) e *Ilhéu de contenda* (Leão Lopes, 1995). É também presente na grande maioria dos mais de 60 filmes sobre o mundo contemporâneo, tanto através de personagens principais quanto através de personagens secundários, com referências históricas diretas ou indiretas nos filmes *Encontros imperfeitos* (Jorge Marecos Duarte, 1993), *Longe daqui* (João Guerra, 1993), *Carga infernal* (Fernando d'Almeida e Silva, 1995), *Mortinho por chegar a casa* (Carlos da Silva/George Sluizer, 1996), *O rio do Ouro* (Paulo Rocha, 1998) e *Filha da mãe* (João Canijo, 1990).

Assim, a busca de uma posição identitária entre passado colonial (até 1975) e presente europeu (desde a adesão em 1986) por parte dos cineastas pode ser considerada a grande constante temática no cinema português dos anos 1990, ora através de personagens retornados da África ou da Guerra Colonial, como em *A idade maior* (Teresa Villaverde, 1990), *Paraíso perdido* (Alberto Seixas Santos, 1991), *Ao sul* (Fernando Matos Silva, 1993), *A tempestade da terra* (Fernando d'Almeida e Silva, 1997) e *Inferno* (Joaquim Leitão, 1999), ora através de imigrantes da segunda geração, como em *Casa de lava* (Pedro Costa, 1994), *Ossos* (Pedro Costa, 1997), *Os mutantes* (Teresa Villaverde, 1998), *Zona J* (Leonel Vieira, 1998), *Corte de cabelo* (Joaquim Sapinho, 1995), ou ainda em histórias situadas na África, todas elas coproduções com os PALOP, como em *Comédia infantil* (Solveig Nordlund, 1997), *O miradouro da lua* (Jorge António, 1993), *Fintar o destino* (Fernando Vendrell, 1997) e *O Testamento do senhor Napumoceno* (Francisco Manso, 1997). Não estou querendo dizer que Oliveira foi o único a impor essa temática, mas foi um dos primeiros, junto com Teresa Villaverde, que também esteve atenta à importância de trazê-la ao cinema.

Quando olhamos para os novos autores do cinema português, principalmente para Teresa Villaverde e Pedro Costa, essa temática é tratada através de uma estética que se compromete de forma mais explícita com a realidade. Apreenderam lições da história de cinema de seu país, com destaque para a figura importantíssima de António Reis. As narrativas são fortemente visuais, nas quais predominam planos demorados e metafóricos, na tradição de um cinema interessado em fornecer ao espectador experiências de dissenso, razão pela qual podem ser considerados indisciplinares. A sua novidade consiste na forma radical com a qual procuram um encontro com a realidade portuguesa pós-ditadura, deixando claro que a Europa como expectativa de melhorias não consegue nem resolver o problema do legado autoritário nem traz modernização e bem-estar a todos. Pelo contrário, são calculados os custos da participação da nova Europa: as famílias degradadas, o autoritarismo falido do *páter-famílias*, a delinquência dos jovens que ficaram de fora, a maternidade precoce e a situação degradada dos imigrantes de países africanos, para mencionar os temas mais urgentes.

Enquanto em Reis e em Oliveira, bem como em João César Monteiro, sempre existem contrapesos ao desencanto com o mundo moderno ou com a condição humana em geral, frequentemente buscados no passado, na memória, no mundo arcaico ou na cultura portuguesa, nos filmes da nova geração retornamos à problemática de poder ou não apontar um horizonte de esperança além do estético – que analisamos no primeiro capítulo.

Villaverde e Costa demonstram o quanto Portugal está ainda defasado em relação ao resto da Europa, além de profundamente afetado pelos vícios do mundo dito moderno. No entanto, essa sensibilidade compartilhada, que está aliada a uma grande proximidade estética, se expressa através de mentalidades diferentes. Enquanto Costa está próximo da posição de Manoel de Oliveira, os filmes de Villaverde, como *A idade maior* (também sobre a Guerra Colonial, mas de forma intimista e desesperada), *Três irmãos* e *Os mutantes*, apontam estratégias de intersubjetividade, procurando uma solução ética e estética através do reconhecimento dos problemas de seus protagonistas jovens, independentemente do gênero ou da raça (ver FERREIRA, 2007d).

Figura 45: Fotograma de *Os mutantes* (Teresa Villaverde, 1998)

Os filmes de Costa, por sua vez, como *Ossos* e *Casa de lava*, ou reciclam velhos mitos relacionados ao relacionamento dos portugueses com outras culturas, nomeadamente a cabo-verdiana, ou se embaraçam em estereótipos quando procuram desenvolver uma visão solidária com essa comunidade (sobretudo feminina) que vive em Portugal. Costa ultrapassará essa postura apenas na década a seguir, em *O quarto da Vanda* (2000) e em *Juventude em marcha* (2006) (ver FERREIRA, 2010a). Embora a beleza e a originalidade das imagens de Costa sejam muitas vezes espetaculares, Villaverde compõe planos metafóricos mais consistentes com a sua visão crítica em relação à sociedade portuguesa (ver FERREIRA, 2005b).

Figura 46: Fotograma de *Ossos* (Pedro Costa, 1997)

Dado que um filme de Pedro Costa, *Ossos*, deu grande visibilidade ao cinema português através do prêmio para a melhor fotografia em Veneza, em 1997, vale a pena compará-lo com um filme do cinema comercial sobre a mesma temática – a segunda geração de emigrantes africanos em Portugal –, que obteve o maior sucesso de bilheteria em 1998, *Zona J*, de Leonel Vieira (ver FERREIRA, 2007c, 2010a, 2012). Existem algumas semelhanças, sendo a mais evidente o desfecho das narrativas, em que a segunda geração de imigrantes não possui nem perspectiva nem vontade de ser integrada na sociedade portuguesa. Entretanto, as personagens femininas passivas e melancólicas de *Ossos* decidem por deliberação própria virar as costas à sociedade portuguesa e aos homens crioulos, enquanto o jovem protagonista de *Zona J*, apesar de menos marginalizado, não possui essa opção e parece determinado à criminalidade e à morte. No ponto em que o filme comercial condena o seu personagem, com a ajuda de um enredo melodramático, os personagens do filme de arte se reafirmam como seres humanos, demonstrando a sua vontade própria.

Um marcante paralelo entre os dois filmes consiste, aliás, na repetição do discurso lusotropicalista e na ideia de identidades essenciais. *Ossos* é simpático com o seu personagem português, uma enfermeira que é solidária com as imigrantes devido à sua própria solidão. Mas as mulheres crioulas preferem afirmar a sua identidade étnica, excluindo-a, além de afirmar a sua identidade feminina, excluindo também os homens da comunidade delas. Dessa forma, o filme se interessa mais pela problemática da identidade do gênero do que pela identidade étnica, fazendo de conta que esta última não apresenta um problema na sociedade portuguesa.

Figura 47: Fotograma de *Zona J* (Leonel Vieira, 1998)

Zona J é muito mais direto em relação ao racismo e utiliza-o como sendo a razão e a explicação de tudo o que acontece, além de apoiar nele os pontos de viragem de seu enredo pouco credível. No final, o filme sugere que a divisão entre brancos e negros pode ser ultrapassada apenas através de miscigenação. Mas a ideia de que Clara (Núria Madruga), uma jovem menina virginal que se apaixona por António (Félix Fontoura), um jovem filho de imigrantes, trará a salvação ao racismo é obviamente uma nova mistificação.

Contudo, a representação das contradições entre direitos cívicos e exclusão de fato difere nos dois filmes. Apesar de ambos insistirem na ideia de que a segunda geração não possui espaço na sociedade portuguesa, as contradições são resolvidas em *Zona J* através da morte do protagonista.

Em *Ossos*, por sua vez, a contradição permanece. As duas protagonistas, Tina (Mariya Lipkina) e Clotilde (Vanda Duarte), rejeitam todos os outros, porém, a tensão entre elas e a sociedade não é abafada e continua. Isso indica, pelo menos, que os problemas da segunda geração de luso-africanos ainda precisam ser resolvidos.

Adolescentes como alegoria

Os filmes referidos da nova geração se concentram em personagens adolescentes – uma escolha dramatúrgica muito frequente no cinema dos anos 1990. Um grande número de diretores, tanto aqueles que começaram na época do Novo Cinema, como João César Monteiro, Alberto Seixas Santos e António-Pedro Vasconcelos, quanto cineastas das gerações a seguir utilizam personagens em vias de construção de identidade. Muitas vezes, como no caso dos filmes de arte acima referidos, os adolescentes servem como alegoria das dificuldades de construir uma identidade nacional (ver FERREIRA, 2005a).[8] A mudança de valores, as ameaças à sociedade

---

8 A lista de filmes é longa: *Filha da mãe*, de João Canijo (1990); *Na pele do urso*, de Anne e Eduardo Guedes (1990); *O sangue*, de Pedro Costa (1990); *Nuvem*, de Ana Luísa Guimarães (1991); *Adeus princesa*, de Jorge Paixão da Costa (1992); *Paraíso perdido*, de Alberto Seixas Santos (1992); *Das tripas coração*, de Joaquim Pinto (1992); *O último mergulho*, de João César Monteiro (1992); *Longe daqui*, de João

através da modernização do país, os males do final do século, seja a Aids, seja a dependência e o tráfico de drogas, em nível político ou financeiro (corrupção, negócios ilegais), são centrais nesses filmes com protagonistas adolescentes. Dois exemplos em que esses problemas se acumulam são *Ao fim da noite* (1991), de Joaquim Leitão, e *Mal* (1999), de Alberto Seixas Santos. Nos filmes mais interessantes (*Paraíso perdido, Corte de cabelo, Os mutantes, Três irmãos, Glória, O último mergulho, Ossos*), a alegoria dos adolescentes não mostra Portugal como adolescente vulnerável, mas, pelo contrário, demonstra uma busca de envolver esteticamente os espectadores nessa problemática; de fazê-los participar na experiência da construção de identidade de seus protagonistas de forma indisciplinar.

Gêneros masculino e feminino

A crise de identidade e os problemas sociais não são exclusivamente retratados através de personagens mais jovens. Existem dois outros grupos principais de protagonistas: homens e mulheres de meia idade. O grupo dos homens é menor, mas indica um mal-estar em relação ao rumo do gênero masculino, observado por diretores experientes. *Os cornos de Cronos* (1990), de José Fonseca e Costa, *Coitado do Jorge* (1993), de Jorge Silva Melo, e *Aqui na Terra* (1993), de João Botelho, são os principais exemplos de filmes nos quais os homens não conseguem mais preencher o seu papel tradicional na sociedade.

No contexto da família, surge também o tema do incesto – que serve como alegoria da extensão do autoritarismo paternal, visto como sendo profundamente enraizado na cultura portuguesa –, por exemplo, em *Retrato de família* (1991), de Luís Galvão Teles, e *Filha da mãe* (1990), de João Canijo. De fato, Canijo se debruçará diversas

---

Guerra (1993); *O Miradouro da lua*, de Jorge António (1993); *Sinais de fogo*, de Luís Filipe Rocha (1995); *Corte de cabelo*, de Joaquim Sapinho (1995); *Comédia infantil*, de Solveig Nordlund (1997); *Ossos*, de Pedro Costa (1997); *Três irmãos*, de Teresa Villaverde (1997); *Os mutantes*, de Teresa Villaverde (1998); *Jaime*, de António-Pedro Vasconcelos (1999); *Glória*, de Manuela Viegas (1999).

vezes sobre essa temática ao longo da próxima década, mais recentemente em *Sangue do meu sangue* (2011).

Em relação ao autoritarismo político e seus reflexos na sociedade contemporânea, vale mencionar brevemente os filmes que abordam a história recente de Portugal. *Passagem por Lisboa* (1993), de Eduardo Geada, *Sinais de fogo* (1995), de Luís Filipe Rocha, e *Cinco dias, cinco noites* (1996), de José Fonseca e Costa, são os poucos exemplos que contam histórias sobre a ditadura. Surpreende a escassa expressão dessa temática no cinema do final do milênio – que não parece oferecer uma chave para melhor entender o presente –, quando comparada com o grande número de filmes que debate a época colonial ou o legado do colonialismo em conjunto com os desafios que Portugal enfrenta como membro da União Europeia. Como veremos no capítulo a seguir, a próxima década será aquela na qual a ditadura ganha relevo através dos filmes premiados de Susana de Sousa Dias.

A redefinição dos papéis tradicionais dos gêneros masculino e feminino (ou o conflito entre eles) preocupa um número bem maior de diretores e diretoras, de todas as faixas etárias e com inclinações estéticas variadas. Consultando o inventário de todos os filmes de ficção produzidos em Portugal (MATOS-CRUZ, 1999), é possível notar que no final dos anos 1990 a mulher como protagonista sobressai muito nas produções nacionais. No ano de 1998, por exemplo, seis dos dez longas-metragens que estrearam apresentam uma protagonista, sendo que dois foram realizados por mulheres. Esse número não está relacionado ao aumento de cineastas mulheres: dos sete filmes lançados em 1999, três contam histórias com personagens femininas como motor da narrativa, e todos eles foram realizados por homens.

Um dos diretores da nova geração realizou um filme cujo título serve como metáfora para a redefinição dos gêneros: *Corte de cabelo*, de Joaquim Sapinho, aplicou em 1994 um novo *look* ao relacionamento heterossexual (ver FERREIRA, 2005b). A sua protagonista, Rita (Carla Bolito), decide cortar, no dia de seu casamento, algo característico da sua imagem: a sua grande cabeleira, que vai até a cintura. É um teste para verificar se o seu noivo, Paulo (Marco Delgado), um jovem que trabalha com vídeo, não se apaixonou somente pela sua beleza. Aquele corte revela, entretanto, um abismo entre os noivos justamente durante o casamento civil, porque os valores do noivo são mais tradicionais do que aparenta o seu moderno estilo de vida.

Figura 48: Fotograma de *Corte de cabelo* (Joaquim Sapinho, 1995)

O desaparecimento do cabelo leva a uma crise entre os noivos e à separação deles durante a noite de núpcias. Quando o casal se reencontra, no final da noite, Paulo utiliza a sua câmera para filmar o corpo de Rita. É um ato de dominância através do qual Sapinho revela novamente a atitude de idealização da imagem de Rita, repetindo as primeiras imagens do filme. Entretanto, ambos mudaram durante a noite, e o ato de filmagem é reinterpretado por ambos. O final semiaberto que se segue não aponta para uma resolução da tensão entre eles, mas, sim, para uma redefinição dos seus papéis:

Rita conseguiu fazer Paulo perceber que não quer ser um objeto e Paulo foi confrontado com a sua posição dominante como *voyeur*. É um passo de ambos para o reconhecimento do outro como sujeito e um retrato pouco usual no cinema português, mesmo na década de 1990, como mostrarei através da comparação com outro filme com interesses de agradar o grande público.

Enquanto *Corte de cabelo* é reflexivo em relação à própria mídia, buscando uma estética que revela o convencionalismo com o qual os seus protagonistas assumem inicialmente a definição dos gêneros, *Elas* (1997), de Luís Galvão Telles, é um exemplo do cinema narrativo dominante e conta de forma convencional a história de cinco personagens femininas, todas na casa dos 40 anos (ver FERREIRA, 2004).

Figura 49: Fotograma de *Elas* (Luís Galvão Telles, 1997)

O filme se inicia com depoimentos de cada uma das protagonistas, porque uma jornalista, Linda (Carmen Maura), pretende fazer uma reportagem para o seu programa televisivo feminino, *Maquillagem*, sobre os três principais desejos das mulheres. As suas amigas revelam separadamente aspirações secretas. Cloé (Marisa Berenson), proprietária de uma clínica de estética, deseja, depois de ter vencido a toxicodependência, que "alguém a ame". Ela é lésbica e apaixonada por uma das amigas, de nome Branca (Guesch Patti). Esta última é atriz e cantora e considera o dinheiro como o seu principal objeto de desejo, achando que assim conseguirá realizar os outros: roupas, viagens, homens. Bárbara (Marthe Keller), uma mulher algo insegura com dois filhos já adultos, tem medo da solidão e deseja o seu ex-marido de volta. Resta Eva (Miou-Miou), uma professora universitária de literatura que se apaixonou por um de seus alunos: Luís (Morgan Perez), o filho de Bárbara.

A própria Linda não quer revelar o seu desejo, mas é a sua história amorosa que dá união aos vários subenredos. Devido à sua insistência na própria independência, o seu namorado, o diretor de televisão Gigi (Joaquim de Almeida), opta por um relacionamento com uma jovem atriz, e Linda terá que lutar para consegui-lo de volta.

O filme tem a ambição de mostrar, com apoio nas atrizes estrelas de seu elenco, que os obstáculos que a idade das protagonistas poderia oferecer a uma vida amorosa plena podem ser vencidos. Entretanto, o final feliz ilude sobre a capacidade de transgressão das mulheres, afirmando, de fato, mais uma vez, a fraqueza do sexo feminino. No caso de Barbara, o marido volta por caridade. Eva decide encontrar-se com o filho de Barbara somente às escondidas. Linda é também volátil e acaba por fracassar em sua carreira. Branca, que é retratada como sexualmente insaciável, aquieta-se num relacionamento homossexual, em que poderá viver sua sexualidade sem que parecesse promíscua e desafiasse assim as concepções morais da filha. Telles acaba domesticando todas as personagens transgressoras, reafirmando que a independência é somente uma pose do sexo fraco.

Manoel de Oliveira

Manoel de Oliveira confirma essa tendência de usar personagens femininas sem que isso seja novidade em seu cinema. O mestre dedica cinco dos seus dez filmes da década de 1990 a mulheres protagonistas, além de dar destaque ao gênero feminino nos restantes, com exceção de *Non ou a vã glória de mandar*. Como apontei no capítulo anterior, *Vale Abraão, O convento, Party, Inquietude* e *A carta* mostram a mulher como mistério, mas participam de uma procura particular – através da qual o diretor atravessa a década. Além de abordar a condição feminina, Oliveira se dedica, em *A divina comédia*, com apoio em diversos textos canônicos, tanto sagrados quanto profanos, a uma exploração da condição humana e à relação dela com o espiritual. Como mencionei anteriormente, a vida de grandes autores (Camilo Castelo Branco) serve também como testemunha de batalhas desse tipo em *O dia do desespero*. A mitificação das mulheres e, ao mesmo tempo, de Portugal (como lugar onde existe um conhecimento arcaico superior ao da modernidade) nos filmes dos anos 1990 é compartilhada por alguns diretores, como João Mário Grilo, em *O fim do mundo – a terra* (1993), e José Fonseca e Costa, em *Cinco dias, cinco noites* (1996).

João César Monteiro

Outro monstro sagrado do cinema português, João César Monteiro, concluiu na década de 1990 uma de suas obras mais importantes: a sua trilogia sobre *João de Deus* (João César Monteiro), através de dois filmes: *A comédia de Deus* (1995) e *As bodas de Deus* (1999). Além disso, realizou ainda *O último mergulho* (1992) e *Le bassin de John Wayne* (1997). A trilogia possui importância especial, pois, através dela, como afirma Lúcia Nagib (2005, p. 197), "Monteiro deu uma contribuição incalculável à história do cinema português e mundial. A sua originalidade resulta da sua coragem de expressar com liberdade absoluta o seu imaginário obsessivo, através do qual visita e redefine diversos gêneros". Os filmes de Monteiro, cineasta indisciplinar por excelência, apresentam uma rara combinação de opostos: ironia e desespero, anticlericalismo e erotismo espiritual, paixão pelo patrimônio cultural português e uma visão ao mesmo tempo caricata e realista da realidade portuguesa.

Figura 50: Cartaz de *As bodas de Deus* (João César Monteiro, 1999)

Em relação à trilogia sobre João de Deus, figura paradoxal que reúne virtudes e pecados, sendo ao mesmo tempo popular e divina, Nagib (2005) realça a crítica social do filme, isto é, a utilização de comédia e paródia para demonstrar que uma sociedade inteira está vivendo de atividades ilegais, o que faz os pequenos pecados da personagem principal, João de Deus, não parecerem tão terríveis. De acordo com a autora, o *enfant terrible* do cinema português, cuja paixão pelo cinema, pela literatura e pela música se desdobra em inúmeras referências, criou um personagem através do qual alcança um estilo muito particular e que resulta da junção de duas estratégias opostas, que acabam implodindo a questão do cinema autoral, tão fulcral na discussão sobre o cinema português:

> [...] de um lado, o uso de técnicas de filmagens estritamente realísticas quase documentais; de outro lado, o uso da fábula através de um sistema de citações que vem da cinefilia. É um estilo dialético, crítico e auto-reflexivo, que afirma e nega o sujeito no mesmo ato, resolvendo e ultrapassando a questão de autoria no cinema (NAGIB, 2005, p. 189-190).

A inegável importância de João César Monteiro para o cinema (mundial) alcança nos anos 1990 o seu auge, principalmente através dos dois filmes sobre João de Deus, personagem único, profundamente português, mas livre como raramente foram os cineastas e as personagens do cinema de Portugal. Como frisa Paulo Filipe Monteiro (2007, p. 212): "João César Monteiro tem princípios e não os larga; mas desconhece os fins. É um cinema sem rede, no fio da performance. O seu cinema não é apenas o lugar em que ele é livre: é o lugar em que se liberta".

As coproduções com os Palop e com o Brasil

As dez coproduções com países lusófonos (quatro com os Palop, seis com o Brasil[9] e uma luso-afro-brasileira) representam apenas 10% das produções dos anos 1990. Mas, devido à importância da temática do legado colonial para a discussão cinematográfica da

---

9 Três coproduções não possuem temática relacionada com o legado histórico e cultural e não serão discutidas aqui: *Tentação, Amor e Cia.* e *O rio do Ouro*.

identidade portuguesa e o aumento da exploração dessa temática na década a seguir (aproximadamente 30 filmes), as coproduções merecem atenção especial e serão apresentadas resumidamente.

No caso das coproduções luso-africanas, encontramos, sobretudo, tentativas de contornar os conflitos entre o colonizador e a ex-colônia (ver FERREIRA, 2012). *O miradouro da lua* (1993), do diretor português Jorge António, possui, por exemplo, uma perspectiva que tenta acabar com possíveis ressentimentos do lado africano. O filme conta de forma pouco coerente e com diversas falhas dramatúrgicas a história de um jovem português que viaja para Angola para reencontrar seu pai. Este último não retornou para seu país de origem após o final do colonialismo, como a maioria dos colonos. A morte desse pai, que o jovem descobre no final da narrativa, é uma metáfora para a morte da identidade colonial e liberta o jovem para apreciar sem sentimentos de culpa a beleza natural das paisagens angolanas e das mulheres. Não existem diferenças entre o jovem e a juventude angolana, que o integra com facilidade e compartilha com ele a preferência pela cultura urbana globalizada, ou seja, pelo cinema, pelos desfiles de moda e pelas discotecas. Por outro lado, o filme insiste, através de um meio-irmão que o protagonista conhece no final, na ligação identitária entre Portugal e Angola em termos de linhagem, apagando assim possíveis distâncias entre a antiga colônia e o ex-colonizador, além de garantir ao jovem o direito de permanecer no país como um legítimo irmão.

O mesmo acontece na coprodução entre Bélgica, Cabo Verde, França e Portugal, dirigida pelo cabo-verdiano Leão Lopes em 1996, que se baseia no famoso romance *Ilhéu de contenda*, escrito por Teixeira de Sousa em 1972. O livro descreve com alguma ironia a decadência das famílias dominantes portuguesas no início dos anos 1960 na única ilha com separatismo racial, Fogo, e o aparecimento de uma nova classe de crioulos. Essa nova classe compõe-se de imigrantes novos--ricos, herdeiros de terras e profissionais com formação superior, sobretudo o médico local. A personagem ambivalente de Eusébio e seu desejo de manter algo da glória antiga da sua família portuguesa é o motor da história. Mas, enquanto o romance revela o egoísmo e o oportunismo de Eusébio, o filme faz somente uma branda crítica ao racismo de alguns portugueses e termina com um convívio pacífico entre as duas classes sociais. De fato, a obra enfatiza a identidade híbrida da ilha e, ao sugerir que a nova geração de portugueses e cabo-verdianos não compartilha os velhos preconceitos raciais, evita falar nos conflitos identitários históricos.

O desejo de negar a própria identidade a favor de uma identidade europeia é também evidente no filme bilíngue *Fintar o destino*, do realizador português Fernando Vendrell, que data de 1998 e obteve financiamento de Cabo Verde e Portugal.

Figura 51: *Fintar o destino* (Fernando Vendrell, 1998)

Baseado numa história real e realizado num estilo realista, o filme conta a história de Mané, dono de um pequeno bar em Cabo Verde, insatisfeito com a cultura de seu país, caracterizada pela preguiça, pelo ócio e pelo abuso do álcool. Quando jovem, Mané fora convidado pelo clube de futebol português Benfica para jogar profissionalmente, mas optou por casar e permanecer em seu país. Para compensar, ele desenvolveu uma obsessão com o futebol, particularmente com o clube Benfica. Para dar algum sentido à sua vida e partindo da ideia de que em Portugal as oportunidades profissionais e econômicas são melhores, Mané viaja para Lisboa para sugerir ao Benfica a contratação de um jovem jogador que ele treina. A viagem resulta, com efeito, na reavaliação da sua própria vida, sobretudo em relação à solidariedade e à alegria do convívio social. Ao regressar a Cabo Verde, Mané faz as pazes com a sua decisão, mas a ilusão de que "lá fora é melhor" mantém-se intacta até o final do filme, através da insistência de que seu pupilo deveria viver e jogar em Portugal.

A harmonia entre as culturas é também frisada na coprodução entre Portugal e Moçambique do mesmo ano, realizada pela residente portuguesa de origem sueca Solveig Nordlund. Num estilo próximo ao do realismo mágico, o filme adapta o romance homônimo *Comédia infantil*, de Henning Mankell, sobre a guerra civil moçambicana. Nélio (Sérgio Titos), um menino de aldeia, decide fugir para a cidade depois de atirar contra o guerrilheiro que matou de forma selvagem toda a sua família. Em sua luta pela sobrevivência, com um grupo de crianças de rua, Nélio descobre os seus poderes de curandeiro sobrenatural. A sua força particular chega ao limite quando é reencontrado pelo guerrilheiro e ferido mortalmente por ele. A partir daí, soma-se às referências à cultura animista africana a ideia da salvação cristã, sugerindo que ambas as culturas devem fundir-se para apontar um novo caminho, no sentido de ultrapassar os obstáculos e as dificuldades do país pós-colonial em crise.

O Testamento do senhor Napumoceno (1997), única coprodução que envolve um país africano – Cabo Verde –, Portugal e o Brasil, além da Bélgica e da França, confirma a tendência nas coproduções luso-africanas de suavizar conflitos e diferenças. Ao contrário de *Ilhéu de contenda*, o romance de Germano Almeida, de 1989, é contado do ponto de vista de um crioulo novo-rico. O diretor de televisão português Francisco Manso dirigiu uma farsa com um elenco de atores da brasileira Rede Globo, visando um sucesso comercial no mundo lusófono. No filme e no livro, o comportamento do novo--rico Napumoceno (Nelson Xavier) caracteriza-se pela malandragem profissional, pela admiração da cultura consumista e tecnicista americana, pela culinária portuguesa, pela hipocrisia e pela dupla moral. No romance, ficam mais evidentes as razões de sua conduta caricata, pois sua fortuna foi conquistada apenas através da imitação dos comportamentos europeus e americanos e da negação das próprias raízes humildes.

No caso brasileiro, as perspectivas são mais perspicazes, tanto em relação ao colonizador quanto ao próprio papel de ex-colonizado. O filme *O judeu* (1995), de Jom Tob Azulay, sobre o dramaturgo António José da Silva, desenvolve uma perspectiva crítica perante o legado autoritário de Portugal, através da perseguição pela Inquisição portuguesa do famoso dramaturgo nascido no Brasil. O conflito do filme evidencia a retórica da Inquisição que abusa da fé para manter-se no poder. A luta ocorre entre as forças repressivas, representadas pela Igreja portuguesa, e as inovadoras, representadas por dois homens naturais do Brasil colônia: o artista António José da Silva (Filipe Pinheiro) e o secretário do rei Dom João V – impotente perante as manobras da Igreja –, o diplomata Alexandre Gusmão (Edwin Luisi).

A visão mais complexa sobre as relações lusófonas, tanto luso--brasileiras quanto luso-africanas, é apresentada em *Terra estrangeira* (1995), de Walter Salles e Daniela Thomas (ver FERREIRA, 2006, 2012). O filme demonstra, através de três imigrantes brasileiros em Portugal, que o Brasil não deve mais acusar o antigo colonizador de ser o responsável pelas crises do país, sobretudo aquela retratada no filme, durante o governo de Fernando Collor de Mello. O belíssimo trabalho discute todos os preconceitos e as possíveis relações entre os países lusófonos para apontar a necessidade de intersubjetividade em substituição da vitimização.

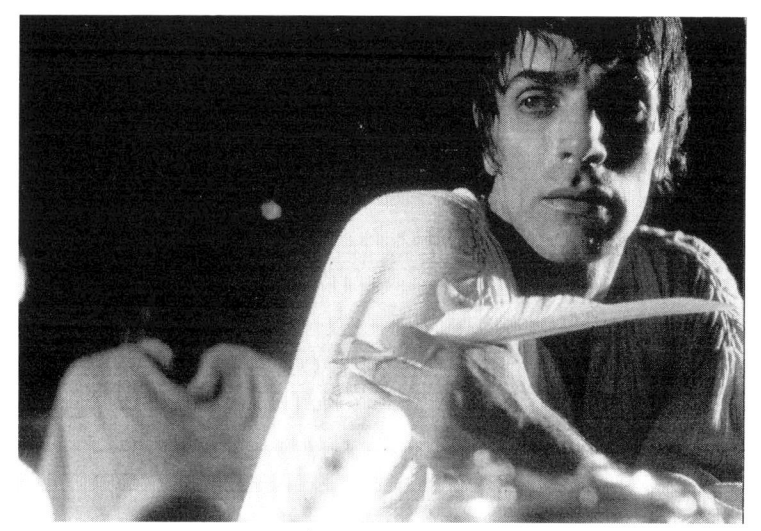

Figura 52: Fotograma de *Bocage* (Djalma Limongi Batista, 1997)

Bocage (1997), de Djalma Limongi Batista, sobre o *enfant terrible* da poesia portuguesa é, por outro lado, uma celebração da lusofonia que, ao mesmo tempo, reconhece as diferenças entre os países de língua portuguesa. Sem apresentar uma relação de causa e efeito, a estrutura do filme é aberta, e a criação poética como forma de alcançar a liberdade é sua espinha dorsal. Como Bocage, Djalma Limongi Batista cria um universo próprio em que os poemas surgem como elemento mais reconhecível, enquanto as referências biográficas e históricas servem apenas como material para elaborar uma estética que – como a poesia do autor setecentista – rompe qualquer limite. A montagem das imagens e o uso de fragmentos dos poemas de Bocage exigem do espectador que termine a proposta do realizador e que desenvolva esse sentido crítico. Essa abertura significa uma transgressão. Transgredir, por outro lado, significa entender a dimensão transnacional do legado colonial, que consiste na ausência de centro e periferia (ver FERREIRA, 2008b).

Conclusão

Citando Deleuze e Guattari, Paulo Filipe Monteiro (2004, p. 30) observa que o cinema português foi sempre pensado numa "geofilosofia", ou seja, desde os anos 1930, quando fora criada a primeira (e única) indústria cinematográfica portuguesa, a identidade nacional, ou, como diz o autor, o "destino português", era central nos debates. Com esse argumento, Monteiro mostra a invenção da tradição de um cinema de qualidade ao longo da história do cinema, que culminou na ideia central dos anos 1980: a "escola portuguesa", que procurou dar relevo à especificidade de um cinema autoral.

Em comparação com a década anterior, nos anos 1990 a constante tensão (existente em todos os cinemas europeus e não só) entre cinema de arte e cinema comercial sofre alterações que resultam do contexto sociopolítico. Com a adesão à Comunidade Europeia, aumentaram as possibilidades financeiras, e começou a questionar-se a insistência no nacional. Ao apontar essas circunstâncias, Monteiro (2004) dá alguns exemplos de depoimentos de cineastas que demonstram que as referências se alteraram e que se começa a contemplar, já desde o final da década de 1980, a Europa. O autor cita António-Pedro Vasconcelos e a observação dele em relação à falta de modelos europeus para o cinema português; João Botelho e a invocação de um "grande cinema pobre europeu"; e Jorge Silva Melo, que questiona a constante negação do cinema industrial em Portugal, e critica a afirmação de um único nome (Manoel de Oliveira), ao defender a visibilidade do individualismo na produção cinematográfica portuguesa (MONTEIRO, 2004, p. 34-37).

É curioso ver que esse debate dos velhos combatentes do Novo Cinema parece ser ultrapassado pelas produções da década, através das quais surgem novos autores que ou praticam um cinema focado no local e no nacional, mas são internacionalmente aclamados

(Villaverde, Costa, Viegas), ou usam a linguagem "universal" do cinema dominante, que é apreciado e consumido pelo público nacional (Leitão, Vieira). Curioso também, porque todos eles escolhem temas relacionados com a realidade social portuguesa, isto é, a imigração, a degradação da família, a história colonial etc., ou seja, demonstram engajamento no rumo de Portugal.

A análise dos filmes, tanto de arte quanto comerciais, mostra que a mudança de perspectivas não se alcança tão facilmente como a mudança de leis e de modos de produção. Seja através da escolha da história colonial, seja através de coproduções com os Palop, a proliferação de diálogos com o legado do passado não implica necessariamente em visões que se afastem de velhos mitos sobre lusofonia e lusotropicalismo ou sobre a excepcionalidade de Portugal e sobre o seu papel de colonizador humanista. As coproduções com o Brasil, realizadas por cineastas brasileiros, apontam para um caminho mais diferenciado e antes multilateral. Contudo, é inconfundível que a produção cinematográfica da década de 1990 procura o diálogo, procura novas formas de produção, procura engajar-se mais na história colonial, no Portugal contemporâneo e numa redefinição dos papéis masculino e feminino. O fato de que essa busca – às vezes bem-sucedida e às vezes não – aconteceu num ambiente que possibilitou uma grande diversidade na produção cinematográfica diferencia a década de 1990 das anteriores.

Face a face com a ditadura: os filmes indisciplinares de Susana de Sousa Dias[1]

Como apontado no capítulo anterior, raramente a ditadura salazarista aparece como temática no cinema português contemporâneo, dando pouca continuidade aos filmes indisciplinares ou aos documentários realizados nos anos 1970. O número é de fato minúsculo, sobretudo quando diferenciamos entre aqueles filmes sobre o colonialismo e as produções dedicadas exclusivamente ao Estado Novo. Não obstante, depois de *Passagem por Lisboa* (1993), de Eduardo Geada, *Sinais de fogo* (1995), de Luís Filipe Rocha, e *Cinco dias, cinco noites* (1996), de José Fonseca e Costa, todas produções dos anos 1990, no novo milênio pode ser notado um renovado interesse neste capítulo histórico ainda obscuro. Destacam-se os filmes indisciplinares da diretora Susana de Sousa Dias, *Natureza morta*, de 2005, e *48*, de 2009, pela maneira como conjugam preocupações estéticas e políticas.

A dificuldade em enfrentar o passado autoritário no cinema é um reflexo do bloqueio presente na sociedade, e Portugal não é um caso isolado. É possível observar que, após os processos de redemocratização, a maioria dos países com passado ditatorial costuma demorar ou evitar de encarar as atrocidades cometidas pelo regime

---

[1] Este capítulo foi previamente publicado sob o mesmo título em FERREIRA, Carolin Overhoff (org.). *Terra em transe – ética e estética no cinema português*. Munique: AVM, 2012.

anterior. É talvez por isso que estudos que explicam ou nomeiam este tipo de bloqueio, realizados por filósofos, cientistas sociais ou psicólogos, acabam por se tornar *best sellers*. Um exemplo bem conhecido seria o diagnóstico famoso da "incapacidade de luto" de Alexander e Margarete Mitscherlich (1967), no caso do nazismo alemão.

Portugal hoje – o medo de existir, publicado em 2004 pelo filósofo José Gil, é um exemplo mais recente. Discute as resistências em lidar com a história e legado da ditadura portuguesa, que teve seu início com o golpe militar de 28 de maio de 1926 e somente terminou com a Revolução dos Cravos, em 25 de abril de 1974. O livro debruça-se sobre a herança dos 48 anos de ditadura e fala como ela ainda afeta a vida contemporânea dos portugueses. Ao definir o seu objetivo, Gil sublinha que não pretende falar do *ethos* português, da portugalidade, mas sobre a sua mentalidade, uma categoria que considera difícil de definir, pois "são forças sedimentadas no campo social e nos comportamentos" (GIL, 2004, p. 141). O autor lembra que a mentalidade equivale a regras sociais e institucionais que, no caso português, ainda não foram substituídas por comportamentos cívicos, jurídicos ou políticos interiorizados, mesmo 30 anos após o final da ditadura.

Essa abordagem diferencia-se da de outros estudiosos portugueses que, ao lidarem com a mesma temática em estudos sobre a literatura e a sociedade portuguesas, privilegiam a formação identitária do país, como acontece com Eduardo Lourenço (1999) ou Boaventura Sousa Santos (1998), já amplamente citados em capítulos anteriores. Gil escolhe um caminho diferente para poder focar a faculdade de agir dos portugueses, faculdade essa que considera de tal forma prejudicada pela cultura do medo da ditadura que as pessoas sofrem até hoje com a falta de um sentido de responsabilidade sobre seus atos: "Foi o salazarismo que nos ensinou a irresponsabilidade – reduzindo-nos a crianças, crianças grandes, adultos infantilizados" (GIL, 2004 p. 17). O filósofo atesta, desse modo, a falta de um fundamento ético nas ações cotidianas portuguesas contemporâneas que estão relacionadas com a vida pública.

Portugal hoje – o medo de existir está em sua 11ª edição. O sucesso indica o anseio de lidar com uma mentalidade que Gil descreve com o conceito da "não-inscrição", ou seja, define-a como uma passividade generalizada que sobreviveu ao longo período do autoritarismo: "Em Portugal nada acontece, quer dizer, nada se inscreve – na história ou na existência individual, na vida social ou no plano artístico" (GIL, 2004, p. 15). Um exagero retórico? Sem dúvida. As muitas reações impulsionadas por essa provocação já foram integradas na última edição do livro. Este capítulo pretende responder a isso do ponto de vista do cinema. O papel dele tem sido pequeno, mas não insignificante, salvaguardando a sua reduzida importância cultural em Portugal e a resistência ao tipo de cinema que é possível referir.

Vimos no primeiro capítulo que havia um intuito de inscrição através de filmes que queriam aprender a esperança e que perguntavam durante a ditadura a pergunta postulada pela ética kantiana – "o que fazer?" – em filmes cujas estéticas ressaltam a tensão entre atividade e passividade dos cidadãos, sendo *Belarmino* (1964), *Uma abelha na chuva* (1968-71), ambos de Fernando Lopes, *Os verdes anos* (1963), de Paulo Rocha, e *Brandos costumes* (1972-75), de Alberto Seixas Santos, os mais conhecidos e discutidos. No período pós-25 de Abril, no qual Gil reconhece uma luta política contra a não-inscrição, os cineastas ora partiram para a agitação coletiva, ora aprofundaram a articulação entre ética e estética em filmes sobre os paradoxos da condição humana, em termos ontológicos, históricos e sociopolíticos.

Os filmes *Natureza morta* e *48*, de Susana de Sousa Dias encontram-se, de certa forma, na tradição de Lopes, Rocha e Seixas Santos, ao mesmo tempo em que abrem um novo terreno ao cinema português. Baseando-se em material de arquivo ou em *found footage*,[2] têm

---

2   Diversos filmes de arquivo, ou filmes de compilação, recentemente realizados no Brasil e em Portugal, demonstram como a apropriação de material sonoro e visual preexistente e sua reinterpretação podem servir como ferramenta

sido tratados como documentários, mas merecem ser discutidos como filmes indisciplinares, um conceito que apresentei no segundo capítulo e que utilizarei aqui novamente. Empregar a indisciplinaridade como instrumento analítico nos dois filmes de Susana de Sousa Dias possibilita focar melhor a heterogeneidade estética dos trabalhos, a forma como revelam a construção de ficções e produzem dissenso, ao mesmo tempo que viabiliza entender a proposta deles de uma recepção tanto cognitiva quanto sensível que visa uma redistribuição da partilha do sensível. Interessa-me, especialmente, analisar como os filmes lidam esteticamente com a mentalidade da não-inscrição postulada por José Gil, bem como identificar a postura deles perante o debate sobre o passado ditatorial.

Natureza morta

Natureza morta, primeiro longa-metragem da diretora, surge no âmbito do Archidoc, um ateliê organizado pelo IDF (Institute of Documentary Film), um centro de formação e de criação de redes para documentaristas europeus que trabalham com material de arquivo. Com sede em Praga, na República Tcheca, o instituto organiza cursos em toda a Europa. Susana de Sousa Dias participou de um ateliê em Paris para realizar um projeto sobre o passado do Estado Novo. Escreveu primeiro um argumento, com base no qual realizou um pequeno filme-ensaio sobre os princípios de realização. O filme chamou a atenção de uma produtora francesa e do canal televisivo franco-alemão Arte, que financiou grande parte do projeto final.

Como filme de arquivo, *Natureza morta* baseia-se em dois tipos de material: por um lado, em fotografias de identificação em preto e branco, tamanho 3x4, de presos políticos, tiradas pela temida Pide

---

estética para debater questões éticas relacionadas à história, à política e à presença da mídia na sociedade contemporânea. É possível elencar, entre outros, *Fantasia lusitana* (2010), de João Canijo, *Nós que aqui estamos por vós esperamos* (1998), de Marcelo Masagão, e *Um dia na vida* (2010), de Eduardo Coutinho, entre outros.

(Polícia Internacional e de Defesa do Estado), e, por outro, em sequências fílmicas, igualmente em preto e branco, que documentam diferentes momentos da ditadura. É a montagem dialética dessas duas fontes que estrutura o filme: imagens de indivíduos que agiram contra a ditadura e que foram, consequentemente, perseguidos e encarcerados, e imagens daqueles que a apoiaram ou a dirigiram.

Figura 53: Fotograma de *Natureza morta* (Susana de Sousa Dias, 2005)

O filme começa de forma alegórica. Um pequeno macaco da família dos cebídeos aparece sentado no meio de um plano com luz superexposta. Ouvimos um barulho estrondoso, como se uma porta se fechasse, e a imagem escurece rapidamente até alcançar os contrastes normais. O macaco levanta-se em câmera lenta e começa a seguir uma mão que se lhe oferece do lado esquerdo do plano. Vemos apenas um pouco da sombra da cabeça de quem a estende. O macaquinho abre a boca num grito e estica os braços, querendo alcançar desesperadamente essa mão, até que o consegue. Quando a sombra de seu dono pode ser vista por completo no chão, a imagem congela no que parece uma queda do macaquinho. Fade para o telão branco, novo barulho estrondoso e corte para o telão negro.

Em termos iconográficos, é uma versão sombria da famosíssima *Criação de Adão*, de Michelangelo, na capela Sistina, cujo tema é a complexa relação entre criador e criatura. No *found footage*, a relação é reduzida a um relacionamento de dependência entre um bichinho carente e uma sombra orwelliana. Título e subtítulo do filme, "visages d'une dictature" (faces de uma ditadura), que surgem depois do excerto, não deixam dúvidas sobre a associação da mão a Salazar e do macaquinho aos súditos vulneráveis do Estado Novo.

Ao prólogo visual e sonoro, que, pelo pequeno mamífero e pelos sons de origem tecnológica, invoca uma selva humana, é justaposta uma explicação do contexto do mundo no qual o filme entra:

> Durante 48 anos Portugal viveu sob a mais longa ditadura da Europa Ocidental do século XX. António de Oliveira Salazar foi o Chefe e ideólogo político do regime; a unidade territorial do Império Português, que se estendia do Minho a Timor, era a sua mística; a Igreja, o exército e a polícia política, os seus pilares. O eclodir da guerra colonial, em 1961, desfere um golpe irreparável nos alicerces do regime. Em 25 de Abril de 1974, movimento dos capitães, apoiado pelo povo, põe fim à ditadura. Foi a Revolução dos Cravos. Os presos políticos foram finalmente libertados.

As palavras secas, o branco no preto, são uma opção consciente para um filme mudo que "fala" apenas com sons e imagens de uma época de silenciamento.

Quando assomam as primeiras fotos dos presos políticos, o som muda do registro de terror para uma esfera não menos estranha, mas mais solene, pela citação de um órgão, cuja insistência na mesma tonalidade aguda pode ser interpretada como eco distante da tortura sofrida pelos presos.

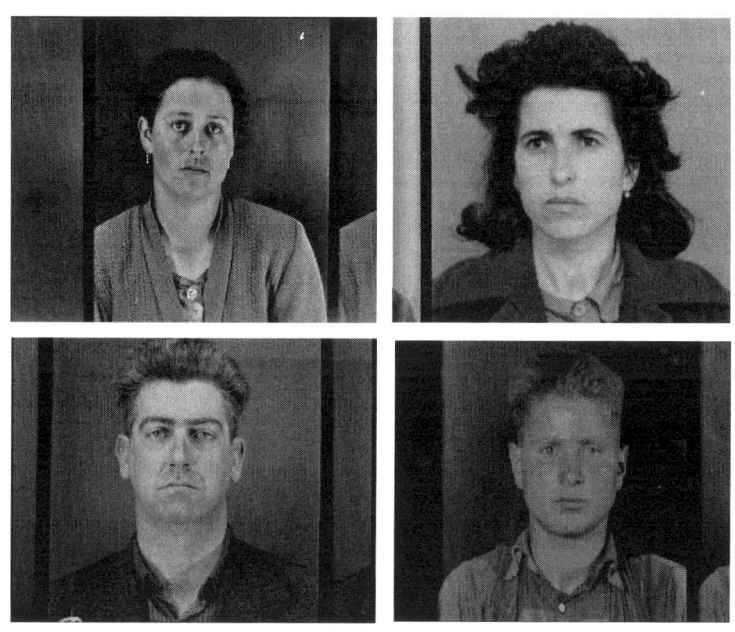

Figura 54: Fotogramas de *Natureza morta* – presos políticos

As fotografias de identificação, cuja origem e materialidade são lembradas através do enquadramento que expõe as margens, mostram pessoas de diversas idades e estratos sociais. São apresentadas como se fossem slides, cada um com uma duração de aproximadamente dez segundos, e separadas pelo telão negro. Em sua grande maioria, as faces em *close-up* olham-nos frontalmente, estabelecendo um contato direto através do olhar.

A seguir, voltamos ao ambiente sonoro da selva e vemos explosões de bombas numa paisagem de arbustos que referenciam a Guerra Colonial. São imagens que tremem ou perdem o foco e cujo significado pouco evidente, senão abstrato – um combate –, só se torna compreensível quando é montado um trecho em que vemos africanos procurando abrigo e *footage* de um soldado português ferido. Todo o material fílmico é manipulado através de câmera lenta, tornando as imagens menos realistas, para não dizer estranhas. Não possuem mais o objetivo de documentar a guerra, mas expõem uma dimensão simbólica velada. Dilatar o tempo implica revelar as ficções que o Estado Novo construía em tempo real para justificar a guerra através do material fílmico original.[3]

De fato, a repressão política e a violência imperialista que afeta todos os envolvidos – africanos e soldados portugueses – são as referências visuais que precedem a imagem de uma bandeira nacional, símbolo derradeiro da pátria e referência última da ficção sobre a nação e sobre o império português. Segue-se um plano médio em câmara baixa de Salazar, o seu representante máximo, em pose de orador em frente a diversos microfones. Ao contrário das imagens famosas dos seus discursos, divulgadas nos jornais de atualidade propagandísticos, o chefe de estado permanece mudo, olhando apenas para todos os lados, como se fosse um abutre à procura de presa. A câmera lenta participa da substituição da imagem oficial e conhecida de Salazar até que se apaga totalmente, porém, muito lentamente. O recorte aponta assim para um regime sórdido e repressor, normalmente ocultado na exposição em 24 fotogramas por segundo. Ao recortar esse momento e ao alterar o tempo da projeção, modifica-se o significado da realidade capturada pela câmera. Na verdade, manifesta-se no material bruto uma história não contada, que escapa aos encadeamentos racionais que eram propostos e divulgados pelo Estado Novo.

Vemos em seguida mais cenas da versão oficial da ditadura; desta vez, imagens do povo ouvindo e celebrando um dos referidos discursos salazaristas. Um plano geral de um grande aglomerado de pessoas na praça do Comércio, em Lisboa, inicia a sequência, na qual uma faixa enorme, com as palavras "Confiamos em Salazar",

---

3   Para detalhes sobre as "ficções" do Estado Novo, ver António Costa Pinto (2001).

chama imediatamente a nossa atenção. Seguem-se planos médios, gerais e primeiros planos de homens, mulheres e crianças gritando e saudando com os braços. O *slow motion* torna caricatas essas expressões de apoio. Sobre as imagens de êxtase coletivo desmesurado são montadas outras fotografias frontais dos presos políticos. Assim, os ícones da repressão que nos olham diretamente nos olhos servem novamente como contrapontos à ficção já desconstruída de uma população feliz, em sintonia com a liderança política.

Essa parte inicial de quase nove minutos dá uma ideia da estruturação do filme, cujo título, *Natureza morta*, joga com o conhecido gênero pictórico. Pode ser lido, em sentido literal, como se o filme fosse o retrato de uma sociedade em que os sujeitos eram reduzidos a objetos inanimados, ou, em sentido figurado, como se todos tivessem sido objetos representativos dessa sociedade. Vale lembrar que a pintura holandesa do século XVII, que promoveu a natureza morta a gênero, já compreendia o germe do regime estético ao fazer da matéria bruta um potencial narrativo (ver HUBALA, 1990). A câmera lenta sustenta ainda outro duplo sentido: revela as ficções da Guerra Colonial e do suposto apoio incondicional da população, bem como a quase paralisação durante um tempo de chumbo. Tanto título quanto *slow motion* aproximam o filme das ideias de José Gil sobre a não-inscrição. Mas o suposto consenso e a passividade são contrariados pelos olhares dos presos políticos que indicam uma história alternativa, que representaria a inscrição, mas foi reprimida e permanece pouco conhecida ou vista. Não surpreende, pois, saber que as fotografias de identificação foram realizadas para o arquivo da Pide e que só agora estão acessíveis a um público mais geral.[4] Como filme de arquivo, *Natureza morta* aumenta a circulação dessas imagens e das narrativas que elas contêm.

---

4   Foi aberta em 2011 a exposição "A voz das vítimas", na Cadeia do Aljube, em Lisboa, em que muitas das fotografias dos presos políticos estão expostas. A exposição pretende dar a conhecer a repressão entre 1948 e 1974, através de documentos, material audiovisual etc.

Enquanto as fotografias dos presos políticos foram realizadas para identificação e uso interno, a maioria das imagens audiovisuais visava a divulgação do Estado Novo como um regime de conformidade e de adesão completa. Aliás, as sequências de *found footage* podem ser agrupadas em três blocos temáticos: 1) imagens que mostram marchas, cortejos, desfiles e paradas de simpatizantes, de grupos folclóricos, de portugueses e africanos, de soldados, de crianças, do clero etc.; 2) imagens da Guerra Colonial, na África; e 3) imagens do ditador Salazar.

Os contextos de recepção são invertidos em ambos os casos, ou seja, tanto em relação às fotografias quanto em relação ao *found footage*: as imagens dos presos vão a público, ganham em dimensão e em exposição temporal para testemunhar a resistência e a repressão de um número espantoso de perseguidos, enquanto as imagens em movimento são manipuladas através de extremo *slow motion* e montadas de forma a sublinhar aquilo que o som eletrônico indica em termos de ambiente: que a ditadura salazarista era um mundo sádico e imprevisível.

Embora se inscreva numa tradição de indisciplinaridade que tentei delinear no segundo capítulo, o filme introduz algo novo no panorama cinematográfico português. É o primeiro filme indisciplinar que se baseia 100% em material preexistente. Através de imagens realizadas pelos agentes da ditadura (Pide ou cineastas dos jornais de atualidade), Susana de Sousa Dias trabalha em cima de um saber previamente construído, reinterpretando-o para constituir uma memória dissidente.

Esse ato não é tão somente uma inscrição por parte da diretora, contradizendo a tese de José Gil de que "nada acontece" em Portugal, nomeadamente, no contexto da arte cinematográfica. Possibilita ainda que o espectador sinta que certos consensos sobre a ditadura precisam ser (e estão sendo) revistos e reflita sobre isso. Essa revisão é imprescindível, como demonstra uma notícia alarmante no jornal *Público* (2007) sobre o resultado da eleição do "maior português de sempre":

> Nem D. Afonso Henriques, nem D. João II, nem Camões, nem mesmo o Infante D. Henrique. António de Oliveira Salazar foi o nome escolhido pela maioria dos telespectadores da RTP1 que votaram na eleição do "maior português de sempre", no âmbito do programa "Os Grandes Portugueses". O ditador conseguiu 41%, enquanto o segundo lugar do líder comunista Álvaro Cunhal foi votado com 19%.

A pertinência do filme não poderia ser mais bem evidenciada. Contudo, há uma questão que precisa ser colocada: o filme será capaz de mudar a opinião desses telespectadores, ou será que eles, devido à estética de estranhamento através do trabalho com o *found footage* e pela confrontação incômoda com uma história não contada através das fotografias, tentarão rejeitá-lo? Voltarei a essa dúvida depois da análise do segundo filme.

48

O título do segundo filme de Susana de Sousa Dias, *48*, não possui a dimensão simbólica de *Natureza morta*. Refere-se numericamente à duração da ditadura, de forma tão sucinta como é minimalista a sua estética. Focaliza exclusivamente as fotografias de identificação dos presos políticos que serviram como contraponto em *Natureza morta*. Foram escolhidas 16 pessoas entre milhares de fotografados e entre as dezenas que já haviam aparecido no primeiro filme. São oito homens e oito mulheres, 14 portugueses e dois moçambicanos. As imagens desses antigos presos políticos surgem paulatinamente através de *fade in* no telão negro. A primeira fotografia dos entrevistados costuma permanecer no telão por vários minutos, dando lugar a imagens de outros ângulos (perfil, frontal, meio-perfil), justapostas através de cortes ou sobreposições. Mas, ao contrário do filme anterior, trata-se de um filme falado, sendo que depoimentos gravados na contemporaneidade são acrescentados às imagens. O ritmo dos testemunhos (as revelações entre soluços e silêncios) atribui às falas a mesma qualidade poética que o tempo dilatado arroga às imagens.

No que diz respeito ao trabalho com as fotografias, a principal estratégia da pós-produção é novamente o *slow motion*. Se o filme fosse visto em tempo real, teria a duração de apenas sete minutos, mas, com a distensão temporal, acaba preenchendo uma hora e meia. A observação das fotografias é quase hipnótica e nunca cansativa, pois as imagens estão sempre em movimento, mesmo que as alterações de luz e os movimentos de *zoom in* ou de *zoom out*, para a direita ou para a esquerda, sejam quase imperceptíveis ao longo dos minutos nos quais elas são expostas. Há alguns movimentos perceptíveis: superimposição de imagens de pessoas que foram presas e fotografadas várias vezes, revelando o seu esgotamento ou o seu envelhecimento, bem como alguns *jump cuts*. Um *fade to black* interrompe uma única vez a presença imagética de uma das testemunhas em sua fala.

Em alguns casos, há montagens de fotografias de parentes dentro da mesma sequência, sobretudo de parceiros que retornam mais tarde no papel de testemunhas. Evidencia-se assim que a perseguição e a tortura estendiam-se a membros da mesma família, já que a Pide utilizava os laços afetivos para obter informações. Há um caso em que uma família inteira foi perseguida. Para visibilizar essa estratégia nefasta, usa-se uma dissociação entre entrevistado e fotografia: o depoimento se inicia com a fotografia da mãe de perfil, seguida por imagens do pai, de perfil e frontal, depois da esposa e, só por último, do entrevistado.

Das inúmeras pessoas aprisionadas nas "províncias ultramarinas", foram escolhidas duas. Mas, devido à destruição dos arquivos nas ex-colônias pela Pide, não sobrou material visual. Para substituí-lo nas entrevistas com os perseguidos moçambicanos, é usada uma fotografia de vigilância, que permanece inidentificável no primeiro preso e acaba revelando uma árvore durante o depoimento da segunda testemunha. As duas sequências não possuem o mesmo impacto daquelas em que há uma associação entre a imagem da pessoa quando jovem e a fala dela já velha. Os moçambicanos permanecem como seres abstratos e anônimos. Mas vale salientar que o filme não se esquiva de lembrar as muitas vítimas africanas, mesmo com a falta de material visual.

Repetindo quase na íntegra o texto de *Natureza morta*, *48* contextualiza novamente a ditadura através de uma explicação por escrito no início do filme. Mas a exploração da dupla poesia das imagens depende agora das falas, e não apenas do tratamento das imagens. O potencial de significado inerente à matéria documental revela principalmente a copresença de temporalidades heterogêneas, e não uma realidade oculta nas imagens oficiais ou outra silenciada nas fotografias. A relação entre fotografias e depoimentos alimenta, de fato, a estética do filme. À medida que as imagens mostram os presos políticos ainda jovens em fotografias tiradas no momento dos diversos aprisionamentos, entre 1946 e 1974, as suas vozes demonstram que eles já são pessoas idosas e fragilizadas. Em outras palavras, as fotografias do passado ganham contemporaneidade, enquanto os depoimentos revelam que a ditadura sobreviveu nas emoções presentes nas falas, como se os enunciadores estivessem revivendo os interrogatórios e as torturas descritos hoje.

Os relatos sobre o passado são ordenados ao longo do filme através de uma intensificação dramática. Inicialmente, os entrevistados comentam as fotografias, lembrando-se ou não de onde foram tiradas. A primeira testemunha comenta que sofreu tortura moral; a segunda já fala brevemente de tortura física. A partir da quinta e da sexta, são revelados detalhes chocantes sobre tortura de sono e agressões físicas explícitas. A partir do 11º preso, a estratégia de utilizar ameaças contra os familiares é abordada por três testemunhas, até que os africanos retornam para a questão da tortura física. Para encerrar, o último entrevistado comenta o desfecho da ditadura, lembrando primeiro os maus tratos para depois concluir com o final do regime autoritário. A afirmação da libertação dos presos e a possibilidade de viver uma vida nova, uma vida normal, é a perspectiva com a qual termina o filme.

Aprofundando o que *Natureza morta* usou como contraponto em sua desconstrução das narrativas oficiais, *48* não utiliza as fotografias para construir uma ficção alternativa. As micronarrativas não formam uma história sobre aqueles que foram ao mesmo tempo opositores e vítimas do regime salazarista, mas possibilitam sentir e pensar as atrocidades que eles sofreram. São fontes de memórias, ou seja, revelam a possibilidade de consolidar e recuperar partes de um passado que foi recalcado e se perdeu no esquecimento coletivo.

A primeira testemunha é um bom exemplo de como a memória se torna atualidade. Evidencia também a dificuldade de trazer isso à luz do dia, bem como o potencial libertador que a memória possui. A imagem de uma jovem mulher de perfil, cuja cabeça está encostada a um suporte com número, demora 30 segundos para sair das trevas do passado. Devido ao texto anterior e ao suporte, é fácil identificá-la como vítima do regime. Mas a demora e o esforço necessário por parte do espectador de distinguir os seus contornos não a restringem a isso.

O surgimento demorado cria uma tensão que joga com três aspetos da fotografia: sua materialidade efêmera; a possibilidade de seu ressurgimento dilatado no suporte digital; e o seu potencial de fazer emergir a memória. Essa memória dolorosa resiste não só visualmente, mas também oralmente, e é audível no soluço que antecede a fotografia, bem como na voz pausada e triste.

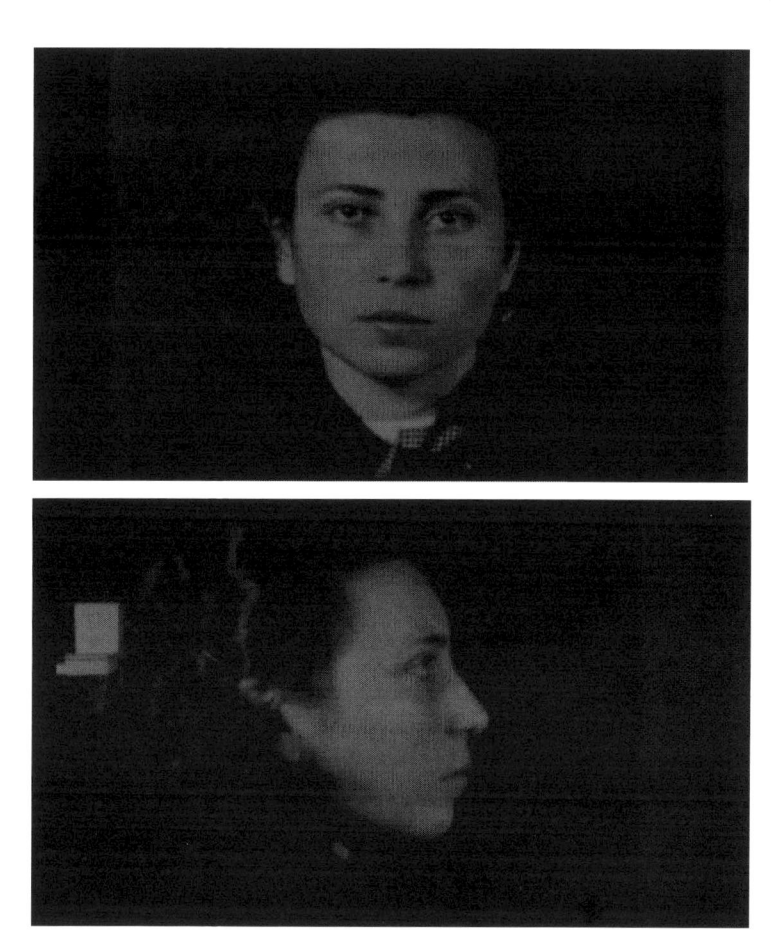

Figura 55: Fotograma de *48* (Susana de Sousa Dias, 2009) – primeira vítima

Mas, uma vez que a memória é assumida, ela instala-se com força. Em termos visuais, isso acontece depois de dois minutos, quando surge uma segunda fotografia, na qual a jovem mulher nos encara frontalmente ao longo de outros dois minutos. O seu olhar faz-nos sentir a intensa presença de um sujeito autônomo. Embora o sentimento de dor e de vitimização seja constante na fala, o olhar resiste a esta última, fazendo que a inscrição levada a cabo pela pessoa retratada durante a ditadura se torne perceptível no momento da exposição do filme.

Essa proposta estética pode ser mais bem compreendida através do "encontro face a face" teorizado pelo filósofo Emmanuel Levinas. Ao rejeitar qualquer tipo de teoria ética, o autor suscita a ideia de que há momentos que permitem que experimentemos a nossa responsabilidade perante o outro. Nesses momentos, a responsabilidade torna-se sinônimo de ética, porque podemos reconhecer o outro em sua alteridade ou em sua diferença absoluta: "No encontro do rosto, não foi preciso julgar: o outro, o único, não suporta julgamento, ele passa diretamente à minha frente, estou com obrigações de fidelidade para com ele" (LEVINAS, 1997, p. 270). Esse "face a face" passa também pela palavra, pois somos convidados pela fala do outro a estabelecer um elo: "Na estrutura formal da linguagem anuncia-se a inviolabilidade ética do outro, nela anuncia-se – sem ressaibo numinoso – sua santidade"[5] (LEVINAS, 1987, p. 279).

Levinas coloca, assim, a experiência intersubjetiva e a instantaneidade vivida em primeiro lugar, apontando-as como relação primordial humana, que antecede qualquer outro tipo de encontro do ser humano – seja com o mundo, seja com qualquer deus. Nem por isso críticos de Levinas, sobretudo Alain Badiou (2002, p. 22), entendem a postulação da alteridade absoluta leviniana em termos metafísicos, acusando o filósofo de trocar a palavra Deus pela palavra ética. Na verdade, ocorre algo bem diferente: as consequências do impacto da relação com uma outra pessoa são apontadas. O filme 48 focaliza exatamente esse impacto e o constrói como uma experiência indisciplinar, isto é, proporciona uma experiência intersubjetiva que vai além de questões históricas e sociais. Assim, viabiliza superar a ausência de responsabilidade durante a ditadura portuguesa.

Volto à primeira sequência, na qual a diretora dramatiza a alteridade do outro em termos visuais para estabelecer um relacionamento intersubjetivo. Temos que forçar a nossa vista até

---

5 ("Dadurch kündigt die formale Struktur der Sprache die ethische Unverletzlichkeit des Anderen an, in ihr meldet sich – ohne jeden Beigeschmack des 'Numinosen' – seine 'Heiligkeit'."). Tradução do alemão pela autora.

repararmos em alguém que surge como uma aparição numa fotografia de perfil. A dificuldade de ver dá lugar ao reconhecimento dos elementos referidos, o suporte com número, que traz a aparição para o mundo concreto. Quando a jovem mulher nos olha de forma frontal, a contextualização e o sofrimento em sua voz exigem que nós nos posicionemos perante o seu olhar e perante a sua fala sobre a repressão durante o autoritarismo português. É importante lembrar que alteridade absoluta não significa inacessibilidade, senão responsabilidade absoluta. Por isso, somos também convidados a nos identificar com esse sofrimento, o que nos oferece a oportunidade de sentirmos empatia e reconhecermos as atrocidades recalcadas do passado.

É importante ressaltar que quase todos os presos entrevistados foram membros, funcionários ou dirigentes do PCP (Partido Comunista Português) e da Frelimo (Frente para a Liberação de Moçambique). Não fica evidente, mas há figuras importantes, como António Dias Lourenço, Alice Capela, Adelino Silva, Amos Mahanjane e Matias Mbou, cujos nomes aparecem nos títulos finais. Ou seja, a dimensão política é, na verdade, ignorada, deixada no escuro, porque não se trata de um filme político de denúncia que acusa a falta de responsabilidade ou revela a não-inscrição. Pelo contrário, cria a proposta de viver um momento ético cujo potencial político consiste na responsabilidade pelo outro, ou, ainda, na partilha coletiva da memória da ditadura salazarista.

Conclusão

Ambos os filmes, *Natureza morta* e *48*, pensam a história do autoritarismo português de forma indisciplinar. Em vez de se contentarem com a documentação das atrocidades cometidas durante a ditadura ou de formularem uma história que inclui detalhes desconhecidos, abordam o passado salazarista sob o viés da memória, seja através da versão oficial, seja por meio da exposição de testemunhas da oposição. Apresentam, contudo, duas formas diferentes de indisciplinaridade. *Natureza morta* debruça-se sobre a construção de ficções acerca da aceitação popular da ditadura, ou seja, sobre a farsa encenada pelos seus representantes, que inclui a justificação das atrocidades da Guerra Colonial. Revela-a através da escolha de imagens e do *slow motion* delas e cria um contraponto à versão oficial salazarista através da montagem dialética dos rostos fotografados dos presos políticos. O som participa na criação de um ambiente de medo e terror contra o qual o trabalho com as imagens originais se opõe. Gera-se assim dissenso estético sobre a ideia persistente de que Salazar foi um grande estadista e pai de uma nação de filhos fiéis. Percebemos um teatro macabro de repressão, ao mesmo tempo que as fotografias dos presos políticos aludem aos nossos sentimentos, bem como à compreensão de que a história nunca foi contada por completo.

Enquanto isso, o primeiro filme usa a dupla poética da imagem, partindo do princípio de que o espectador precisa tomar consciência de que a ditadura escondia uma realidade terrível atrás das imagens de consenso. Dando voz às micronarrativas das pessoas que resistiram à ficção dominante e focando os rostos daqueles que procuravam inscrição, *48* vai um passo mais longe. Não atribui a irresponsabilidade ao regime em cujo material documental *Natureza morta* encontra um significado latente, mas opta em envolver o espectador diretamente na questão da responsabilidade, escolhendo o encontro com o outro da ditadura, o perseguido e opositor, como momento-chave.

Como *Natureza morta*, *48* proporciona experiências complexas de cariz cognitivo e sensível, porém, dispensa a desconstrução da ficção salazarista e dá relevo à experiência pré-intelectual e afetiva da intersubjetividade. Embora estejamos perante um contexto histórico específico, as fotografias e as falas lembram-nos de que no início era, como diria Levinas, a relação humana. Para poder lidar com o passado autoritário português, é preciso vivenciar o face a face. Logo, é preciso constituir uma experiência que nos faz lembrar que devemos ao outro responsabilidade, tanto como ser humano quanto como ser político. O logro de *Natureza morta* não é menor, pois ambos os filmes demonstram que a indisciplinaridade no cinema português está participando ativamente da tarefa de mudar a mentalidade da não-inscrição. Não obstante, *48* oferece um contato mais imediato com o fundamento humano de todos os nossos atos.

Referências bibliográficas

ADORNO, Theodor. "O ensaio como forma". In: ADORNO, Theodor. *Notas de literatura I*. São Paulo: Editora 34/Duas Cidades, 2003, p. 15-45.

ALTER, Nora M. *Chris Marker*. Chicago: University of Illinois Press, 2006.

ANDREW, Dudley. "Time zones and jetlag: the flows and phases of world cinema". In: DUROVICOVA, Natasa; NEWMAN, Kathleen (orgs.). *World cinemas, transnational perspectives*. Londres e Nova York: Routledge, 2010, p. 59-89.

APRÀ, Adriano (org.). *Le avventure della nonfiction*. Roma: Mostra Internazionale del Nuovo Cinema, 1997.

ARENDT, Hannah. *The human condition*. Chicago: Chicago University Press, 1958.

ASTRUC, Alexandre. "Nascimento de uma nova vanguarda: a 'camera stylo'". In: OLIVEIRA, Luis Miguel (org.). *Nouvelle vague*. Lisboa: Cinemateca Portuguesa, 1999, p. 319-325.

BADIOU, Alain. *Ethics: an essay on the understanding of evil*. Londres e Nova York: Verso, 2002.

BAECQUE, Antoine de; PARSI, Jacques. *Conversas com Manoel de Oliveira*. Porto: Campo das Letras, 1999.

BAECQUE, Antoine de; PARSI, Jacques. *Conversation avec Manoel de Oliveira*. Paris: Cahiers du Cinéma, 1996.

BALCZUWEIT, Ronald. "Le Soulier de Satin de Manoel de Oliveira". In: FERREIRA, Carolin Overhoff (org.). *O cinema português através dos seus filmes*. Porto: Campo das Letras, 2007.

BARROSO, Barbara. "Brandos costumes". In: FERREIRA, Carolin Overhoff (org.). *O cinema português através dos seus filmes*. Porto: Campo das Letras, 2007, p. 123-131.

BAZIN, André. "Ontologia da imagem fotográfica". In: BAZIN, André. *O cinema: ensaios*. São Paulo: Brasiliense, 1991.

_____. "Lettre de Sibérie". In: BLÜMLINGER, Christa; WULFF, Constantin. *Schreiben, Bilder, Sprechen. Texte zum essayistischen Film*. Viena: Sonderzahl, 1992.

BELLOUR, Raymond. *L'entre-images: photo, cinéma, vidéo*. Paris: La Différence, 1990.

BELLOUR, Raymond; ROTH, Laurent. *Qu'est-ce qu'une Madeleine? A propos du CD-ROM "Immemory" de Chris Marker*. Paris: Yves Gevaert, 1997.

BLOCH, Ernst. *O Princípio Esperança*. Rio de Janeiro: Contraponto: Eduerj, 2005-2006. Vol. I (Tradução de Nélio Schneider), vol. II (Tradução e notas de Werner Fuchs) e vol. III (Tradução e notas de Nélio Schneider).

BLÜMLINGER, Christa; WULFF, Constantin. *Schreiben, Bilder, Sprechen: Texte Texte zum essayistischen Film*. Viena: Sonderzahl, 1992.

BRANDLMEIER, Thomas. *Manoel de Oliveira und das groteske Melodram*. Berlim: Verbrecher Verlag, 2010.

BRASIL, André. "Ensaios de uma imagem só". *Devires*, Belo Horizonte, vol. 3, n. 1, jan-dez. 2006.

BROCKHAUS (org.). "Entdeckungsgeschichte". In: *Brockhaus Lexikon*. Munique: Deutscher Taschenbuch Verlag, 1984.

BUISEL, Júlia. *Manoel de Oliveira: fotobiografia*. Lisboa: Mário Figueirinhas, 2002.

CAMÕES, Luís de. *Os Lusíadas*. Lisboa: CentraLivros, 1997.

CARDOSO, Patrícia da Silva. "A estrutura do invisível: palavra e imagem em Manoel de Oliveira". In: JUNQUEIRA, Renata (org.). *Manoel de Oliveira: uma presença – estudos de literatura e cinema*. São Paulo: Perspectiva, 2010, p. 217-226.

CINEMATECA PORTUGUESA (org.). *Manoel de Oliveira*. Lisboa: Cinemateca Portuguesa, 1981.

_____. *Manoel de Oliveira em contexto*. Lisboa: Cinemateca Portuguesa, 1988.

CINETECA ITALIANA (org.). *Manoel de Oliveira: catalogo*. Milão: Clued, 1985.

COELHO, Eduardo Prado. *Vinte anos de cinema português*. Lisboa: Biblioteca Breve, 1983.

CORRADIN, Flávia Maria; SILVEIRA, Francisco Maciel. "O Meu Caso rebobinado". In: JUNQUEIRA, Renata (org.). *Manoel de Oliveira: uma presença – estudos de literatura e cinema*. São Paulo: Perspectiva, 2010, p. 13-28.

CORRIGAN, Timothy. *The essay film: from Montaigne, after Marker*. Oxford: Oxford University, 2011.

COSTA, Henrique Alves. *Breve história do cinema português: 1896-1962*. Lisboa: Instituto de Cultura Portuguesa, 1978.

COSTA, João Bénard da. "A Pedra de Toque – o dito eterno feminino na obra de Manoel de Oliveira". *Revista Camões*, Lisboa: Instituto Camões, n. 12-13, 2001. Disponível em: <http://www.cvc.instituto-camoes.pt/conhecer/biblioteca-digital-camoes/

cat_view/62-revistas-e-periodicos/69-revista-camoes/911-revista-no12--13-manoel-de-oliveira.html?limit=10&limitstart=0&order=name&dir=DESC>. Acesso em: 15 abr. 2003.

COSTA, João Bénard da. *História(s) do cinema*. Lisboa: Imprensa Nacional – Casa da Moeda, 1991.

COSTA, José Manuel da. "*Douro, faina fluvial*, de Manoel de Oliveira (1931)". In: GOULET, Pierre Marie et al. (org.). *O olhar de Ulisses*. Porto: Sociedade Porto 2001 & Cinemateca Portuguesa, 1999, vol. 1, p. 82-87.

CRUCHINHO, Fausto. "O Conselho do Cinema: notas sobre o seu funcionamento (1962-1971)". In: TORGAL, Luís Reis (coord.). *O cinema sob o olhar de Salazar*. Lisboa: Círculo de Leitores, 2000, p. 339-355.

_____. *O desejo amoroso em* Os Canibais *de Manoel de Oliveira*. Porto: Mimesis, 2003.

_____. "Os passados e os futuros do Cinema Novo: o cinema na polémica do tempo". *Estudos do Século XX*, n. 1, 200, p. 215-240.

_____. "The woman in the shop window and the man looking at her: the politics of the look in Manoel de Oliveira's oeuvre". In: FERREIRA, Carolin Overhoff (org.). *Dekalog: on Manoel de Oliveira*. Londres: Wallflower, 2008, p. 49-59.

DELEUZE, Gilles; GUATTARI, Félix. *O que é a filosofia?* São Paulo: Editora 34, 2001.

DIANA, Mariolina. *Manoel de Oliveira*. Milão: Il Castoro, 2001.

"Dossiê Manoel de Oliveira". *Revista do Centro de Estudos Portugueses*, v. 30, n. 43, 2010.

ENCONTROS INTERNACIONAIS DE CINEMA DOCUMENTAL (org.). *Homenagem a Manoel de Oliveira*. Amadora: Amascultura, 1994.

EUROPEAN AUDIOVISUAL OBSERVATORY. *Report of the Inter-Ministerial Commission for the Audiovisual Sector*. Disponível em: <http://www.obs.coe.int/oea_publ/eurocine/00001524.html>.

FERREIRA, Carolin Overhoff. *Identity and difference: postcoloniality and transnationality in lusophone films*. Berlim/Munique/Viena/Zurique/Londres: LIT Verlag, 2012.

_____. "Non-inscription and dictatorship in non-canonical adaptations: *A Bee in the Rain* (1972) and *The Dauphin* (2001) by Fernando Lopes". *Adaptation*, vol. 3, n. 2, 2010c, p. 112-31.

_____. "Identities adrift: lusophony and migration in national and trans-national lusophone film". In: BERGER, Verena; KOMORI, Miya (eds.). *Polyglot cinema*. Berlim/Munique/Viena/Zurique/Londres: LIT Verlag, 2010a, p. 173-92.

_____. "Os descobrimentos do paradoxo: a expansão europeia nos filmes de Manoel de Oliveira". In: JUNQUEIRA, Renata (org.). *Manoel de Oliveira: uma presença – estudos de literatura e cinema*. São Paulo: Perspectiva, 2010b, p. 117-145.

_____. "Pouco canônicas: as adaptações de Fernando Lopes: *Uma abelha na chuva* (1972) e *O delfim* (2001)". In: BLAYER, Irene; FAGUNDES, Francisco Cota (orgs.). *Narrativas em metamorfose: abordagens interdisciplinares*. Cuiabá: Cathedral, 2009, p. 319-38.

_____. (org.). *Dekalog: on Manoel de Oliveira*. Londres: Wallflower, 2008.

_____. "Heterodox/paradox: the representation of the 'Fifth Empire' in Manoel de Oliveira's cinema". In: FERREIRA, Carolin Overhoff (org.). *Dekalog: on Manoel de Oliveira*. Londres: Wallflower, 2008a, p. 60-88.

_____. "Monólogos lusófonos ou diálogos trans-nacionais: o caso das adaptações luso-brasileiras". In: NITRINI, Sandra *et al* (orgs.). *Anais do XI Congresso Internacional da Abralic*, São Paulo, 2008b. Disponível em: <http://www.abralic.org.br/cong2008/ AnaisOnline/simposios/pdf/028/ CAROLIN_FERREIRA.pdf>.

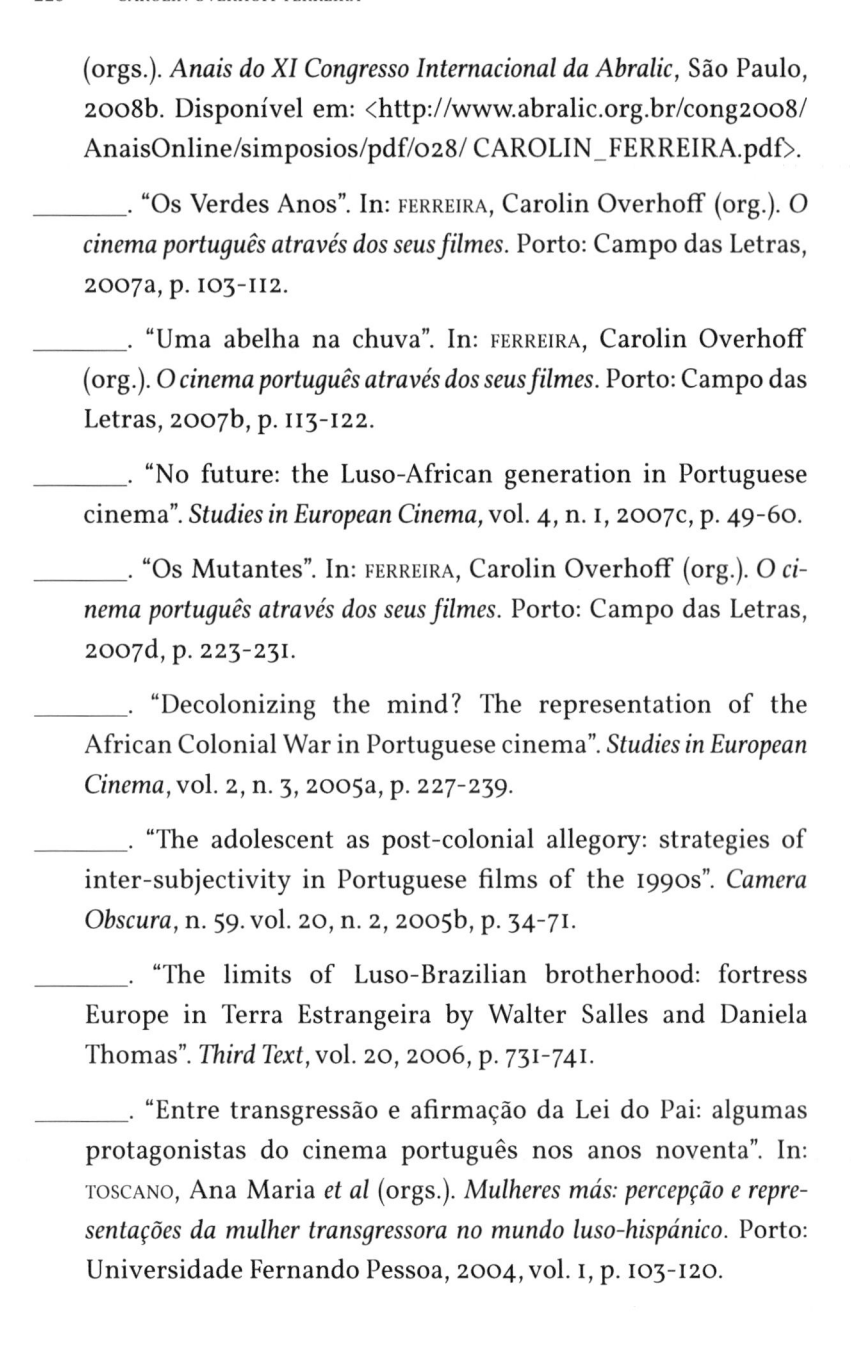

_____. "Os Verdes Anos". In: FERREIRA, Carolin Overhoff (org.). *O cinema português através dos seus filmes*. Porto: Campo das Letras, 2007a, p. 103-112.

_____. "Uma abelha na chuva". In: FERREIRA, Carolin Overhoff (org.). *O cinema português através dos seus filmes*. Porto: Campo das Letras, 2007b, p. 113-122.

_____. "No future: the Luso-African generation in Portuguese cinema". *Studies in European Cinema*, vol. 4, n. 1, 2007c, p. 49-60.

_____. "Os Mutantes". In: FERREIRA, Carolin Overhoff (org.). *O cinema português através dos seus filmes*. Porto: Campo das Letras, 2007d, p. 223-231.

_____. "Decolonizing the mind? The representation of the African Colonial War in Portuguese cinema". *Studies in European Cinema*, vol. 2, n. 3, 2005a, p. 227-239.

_____. "The adolescent as post-colonial allegory: strategies of inter-subjectivity in Portuguese films of the 1990s". *Camera Obscura*, n. 59. vol. 20, n. 2, 2005b, p. 34-71.

_____. "The limits of Luso-Brazilian brotherhood: fortress Europe in Terra Estrangeira by Walter Salles and Daniela Thomas". *Third Text*, vol. 20, 2006, p. 731-741.

_____. "Entre transgressão e afirmação da Lei do Pai: algumas protagonistas do cinema português nos anos noventa". In: TOSCANO, Ana Maria *et al* (orgs.). *Mulheres más: percepção e representações da mulher transgressora no mundo luso-hispánico*. Porto: Universidade Fernando Pessoa, 2004, vol. 1, p. 103-120.

FIGUEIREDO, Nuno; GUARDA, Dinis (org.). *Portugal: um retrato cinematográfico*. Lisboa: Número – Arte e Cultura, 2004.

FILMOTECA ANDALUCIA (org.). *Impresiones: Manoel de Oliveira*. Sevilha, 1990.

FOLGAR, José Maria *et al* (orgs.). *Manoel de Oliveira*. Santiago de Compostela: Xunta de Galicia, 2004.

FRANÇA, José Augusto (org.). *Introdução à obra de Manuel de Oliveira*. Lisboa: Instituto de Novas Profissões, 1981.

FRANZ, Artur. "Einleitung". In: MONTAIGNE, Michel de. *Die Essais*. Frankfurt am Main: Reclam, 1993, p. 3-26.

GEADA, Eduardo. *O imperialismo e o fascismo no cinema*. Lisboa: Moraes, 1977.

GIL, José. *Portugal, hoje: o medo de existir*. Lisboa: Relógio D'Água, 2004.

GRILO, João Mário. *O cinema da não ilusão*. Lisboa: Livros Horizonte, 2006.

GRUPPO TOSCANO (org.). *Il cinema di Manuel de Oliveira*. Florença: Spazio Uno, 1978.

GUIMARÃES, Pedro Maciel. *Créer ensemble: la poétique de la collaboration dans le cinéma de Manoel de Oliveira*. Paris: Editions Universitaires Européennes, 2010.

HATTENDORF, Manfred. "Selbstreflexivität und Essayismus im Dokumentarfilm". In: HATTENDORF, Manfred. *Dokumentarfilm und Authentizität*. Konstanz: UVK Medien, 1994, p. 258-273.

HUBALA, Erich. "Die niederländische Malerei der Goldenen Zeit" In: *Die Kunst des 17. Jahrhunderts*. Propyläen Kunstgeschichte. Berlin, 1990.

ICAM (org.). *Cinema 2000 Portugal*. Lisboa, 2000.

INSTITUTO CAMÕES. *Manoel de Oliveira*. Lisboa, 2001, vols. 12-13.

JOHNSON, Randal. "Aniki-bóbó". In: ELENA, Alberto (org.). *The cinema of Spain and Portugal*. Londres: Wallflower Press, 2004, p. 41-50.

_____. *Manoel de Oliveira*. Chicago: University of Illinois Press, 2007.

_____. "The ethics of representation." In: FERREIRA, Carolin Overhoff (org.). *Dekalog: on Manoel de Oliveira*. Londres: Wallflower, 2008, p. 49-59.

JUNQUEIRA, Renata (org.). *Manoel de Oliveira: uma presença – estudos de literatura e cinema*. São Paulo: Perspectiva, 2010.

KANZOG, Klaus. "Filmgenres, Strukturkonventionen und Diskurse". In: KANZOG, Klaus. *Filmphilologie*. Munique: Schaudig, Bauer, Ledig, 1991, p. 59-67.

KLUGE, Alexander; REITZ, Edgar; REINKE, Wilfried. "Wort und Film". In: BLÜMLINGER, Christa; WULFF, Constantin (orgs.). *Schreiben, Bilder, Sprechen: Texte zum essayistischen Film*. Viena: Sonderzahl, 1992, p. 209-223.

KROHN, Bill. "Welles, Fernsehen und der Essayfilm". In: BLÜMLINGER, Christa.; WULFF, Constantin (orgs.). *Schreiben, Bilder, Sprechen: Texte zum essayistischen Film*. Viena: Sonderzahl, 1992, p. 171-177.

LARDEAU, Yacques; TANCELIN, Pierre; PARSI, Jacques. *Manoel de Oliveira*. Paris: Dis Voir, 1988.

LAVIN, Mathias. *La parole et le lieu: le cinéma selon Manoel de Oliveira*. Rennes: Presses Universitaires de Rennes, 2008.

LEVINAS, Emmanuel. *Entre nós: ensaios sobre a alteridade*. Petrópolis: Vozes, 1997.

_____. *Totalität und Unendlichkeit: Versuche über die Exteriorität*. Freiburg/Munique: Alber, 1987.

LIANDRAT-GUIGUES, Suzanne; GAGNEBIN, Murielle. *L'essai et le cinéma*. Seysell: Éditions Champ Vallon, 2004.

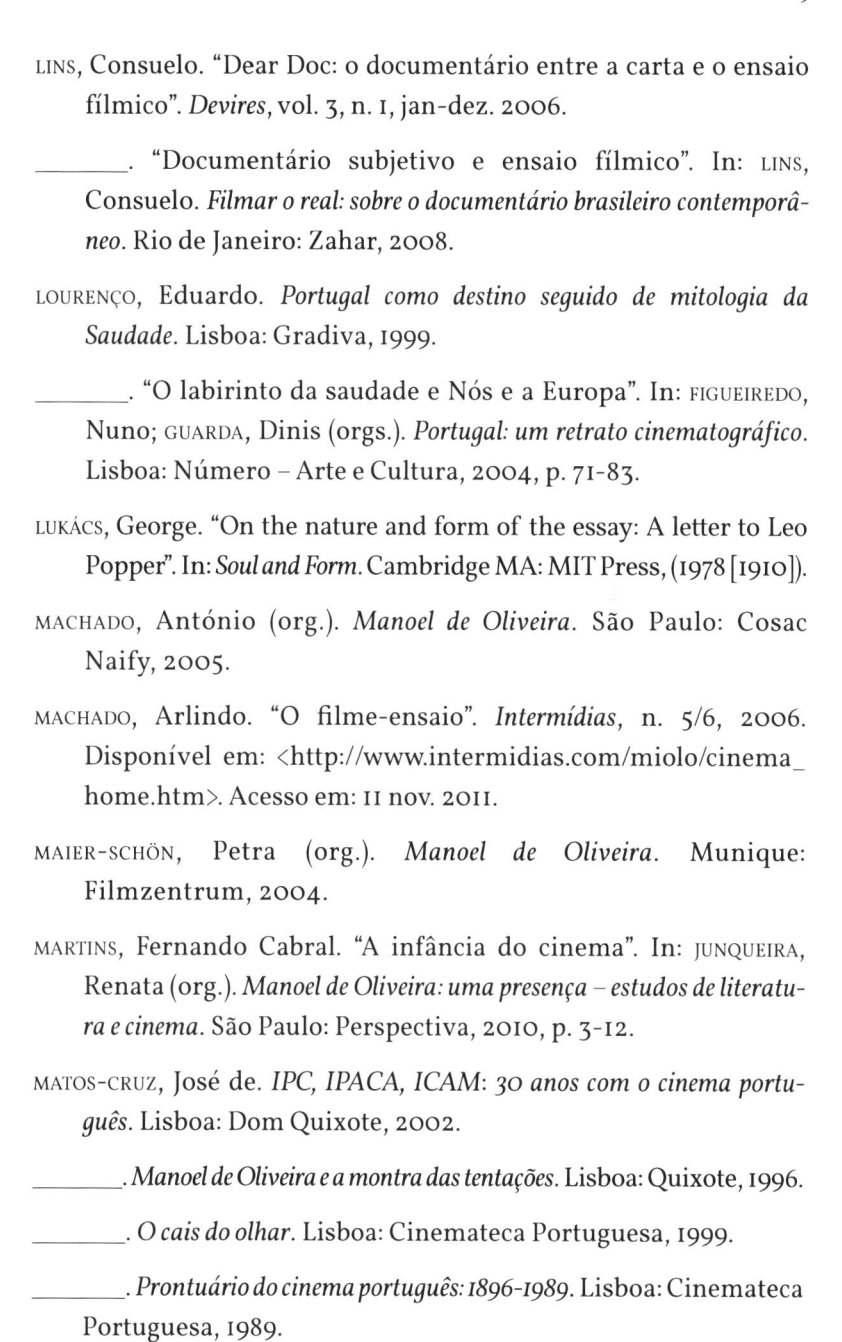

LINS, Consuelo. "Dear Doc: o documentário entre a carta e o ensaio fílmico". *Devires*, vol. 3, n. 1, jan-dez. 2006.

_____. "Documentário subjetivo e ensaio fílmico". In: LINS, Consuelo. *Filmar o real: sobre o documentário brasileiro contemporâneo*. Rio de Janeiro: Zahar, 2008.

LOURENÇO, Eduardo. *Portugal como destino seguido de mitologia da Saudade*. Lisboa: Gradiva, 1999.

_____. "O labirinto da saudade e Nós e a Europa". In: FIGUEIREDO, Nuno; GUARDA, Dinis (orgs.). *Portugal: um retrato cinematográfico*. Lisboa: Número – Arte e Cultura, 2004, p. 71-83.

LUKÁCS, George. "On the nature and form of the essay: A letter to Leo Popper". In: *Soul and Form*. Cambridge MA: MIT Press, (1978 [1910]).

MACHADO, António (org.). *Manoel de Oliveira*. São Paulo: Cosac Naify, 2005.

MACHADO, Arlindo. "O filme-ensaio". *Intermídias*, n. 5/6, 2006. Disponível em: <http://www.intermidias.com/miolo/cinema_home.htm>. Acesso em: 11 nov. 2011.

MAIER-SCHÖN, Petra (org.). *Manoel de Oliveira*. Munique: Filmzentrum, 2004.

MARTINS, Fernando Cabral. "A infância do cinema". In: JUNQUEIRA, Renata (org.). *Manoel de Oliveira: uma presença – estudos de literatura e cinema*. São Paulo: Perspectiva, 2010, p. 3-12.

MATOS-CRUZ, José de. *IPC, IPACA, ICAM: 30 anos com o cinema português*. Lisboa: Dom Quixote, 2002.

_____. *Manoel de Oliveira e a montra das tentações*. Lisboa: Quixote, 1996.

_____. *O cais do olhar*. Lisboa: Cinemateca Portuguesa, 1999.

_____. *Prontuário do cinema português: 1896-1989*. Lisboa: Cinemateca Portuguesa, 1989.

MENEZES, Paulo. "Douro de Minha Infância". In: FERREIRA, Carolin Overhoff (org.). *Manoel de Oliveira – novas perspectivas sobre a sua obra*. São Paulo: Editora Fap-Unifesp, 2013.

MIGLIORIN, Cezar (org.). *Ensaios no real*. Rio de Janeiro: Azougue, 2010.

MITSCHERLICH, Alexander e Margarete. *Die Unfähigkeit zu trauern: Grundlagen kollektiven Verhaltens*. Munique: Piper, 1967.

MÖBIUS, Hanno (org.). *Augen-blick. Versuche über den Essayfilm*. [S.I.]: Marburg, 1991.

MONTEIRO, Paulo Filipe. "A comédia de Deus". In: FERREIRA, Carolin Overhoff. (org.). *O cinema português através dos seus filmes*. Porto: Campo das Letras, 2007, p. 203-213.

_____. "O fardo de uma nação". In: FIGUEIREDO, Nuno; GUARDA, Dinis (orgs.). *Portugal: um retrato cinematográfico*. Lisboa: Número – Arte e Cultura, 2004, p. 23-70.

_____. "Uma margem no centro: a arte e o poder do novo cinema". In: TORGAL, Luís Reis (coord.). *O cinema sob o olhar de Salazar*. Lisboa: Círculo de Leitores, 2000, p. 306-338.

MONTEIRO, Paulo Filipe *et al* (orgs.). *Aspectos do cinema português*. Rio de Janeiro: Eduerj, 2009.

MUHANA, Adma Fadul (org.). *Antônio Vieira: apologia das coisas profetizadas*. Lisboa: Cotovia, 1994.

MUSÉE DU CINEMA. *Manoel de Oliveira*. Bruxelas: Musée du Cinema, 1984.

MUZEJ JUGOSLLEOVENSKE KONTEKE (org.). *Filmovi Manoel de Oliveira u Beogradu*. Belgrado, 1985.

NAGIB, Lúcia. "João de Deus trilogy". In: MIRA, Alberto (org.). *The cinema of Spain and Portugal*. Londres: Wallflower, 2005, p. 189-198.

NOGUEZ, Dominique. "Film-journal, film-collage, film-essai". In: NOGUEZ, Dominique. *Le cinéma, autrement*. Paris, 1977, p. 268-282.

OLIVEIRA, Paulo Motta. "De amores, cartas e memórias: Camilo na lente prismática de Manoel de Oliveira". In: JUNQUEIRA, Renata (org.). *Manoel de Oliveira – uma presença: estudos de literatura e cinema.* São Paulo: Perspectiva, 2010, p. 51-66.

OLIVEIRA, Silvana Maria Pessoa de. "Palavra em tela: Eça de Queirós por Manoel de Oliveira". *Revista do Centro de Estudos Portugueses,* vol. 30, n. 43, 2010, p. 73-80.

ORTEGA, Maria Luisa; WEINRICHTER, Antonio (orgs.). *Mystère marker: pasajes en la obra de Chris Marker.* Madri: T & B, 2006.

PARSI, Jacques (org.). *Manoel de Oliveira.* Paris: Centre Georges Pompidou, 2001.

_____ (org.). *Manoel de Oliveira: cineaste portugais XXe siècle.* Paris: Centre Culturel Calouste Gulbenkian, 2002.

_____. "O mistério da representação". In: GOULET, Pierre Marie et al (coords.). *O olhar de Ulisses: a utopia do real.* Porto: Sociedade Porto e Cinemateca Portuguesa, 2001, vol. 3, p. 373-379.

PINA, Luís de. *História do cinema português.* Mem Martins: Europa-América, 1986.

_____. *Iniciação à obra de Manuel de Oliveira* [S.l.: s. n.].

PINTO, António Costa. *O fim do império português.* Lisboa: Livros Horizonte, 2001.

PIRES, José Cardoso. *E agora, José?* Lisboa: Dom Quixote, 1999.

PITA, António Pedro. *Régio, Oliveira e o cinema.* Vila do Conde: Cineclube da Vila do Conde, 1994.

POMA, Paola. "A estrutura do visível". In: JUNQUEIRA, Renata (org.). *Manoel de Oliveira: uma presença – estudos de literatura e cinema.* São Paulo: Perspectiva, 2010, p. 235-241.

PRETO, António (org.). *Manoel de Oliveira: cem anos*. Lisboa: Cinemateca Portuguesa – Museu de Cinema, 2010.

RAMOS, Jorge Leitão. "Tentação". In: FERREIRA, Carolin Overhoff (org.). *O cinema português através dos seus filmes*. Porto: Campo das Letras, 2007.

_____. "Cinema e história". In: FIGUEIREDO, Nuno; GUARDA, Dinis (orgs.). *Portugal: um retrato cinematográfico*. Lisboa: Número – Arte e Cultura, 2004, p. 71-83.

_____. *Dicionário de Cinema Português: 1962-1988*. Lisboa: Caminho, 1989.

_____. *Dicionário de Cinema Português: 1989-2003*. Lisboa: Caminho, 2006.

_____. "Tentação". In: FERREIRA, Carolin Overhoff (org.). *O cinema português através dos seus filmes*. Porto: Campo das Letras, 2007.

RANCIÈRE, Jacques. *A partilha do sensível*. São Paulo: Editora 34, 2009.

_____. "Política da arte". Disponível em: <http://www.sescsp.org.br/sesc/images/upload/.../206.rtf>. Acesso em: 11 nov. 2011.

_____. "Thinking between disciplines? An aesthetics of knowledge". *Parrhesia*, n. 1, 2006, p. 1-12.

RASCAROLI, Laura. *The personal camera: subjective cinema and the essay film*. Londres e Nova York: Wallflower, 2009.

REIS, José Eduardo. *Vieira's utopian millenarianism and the transliteration of the idea of the fifth empire in the seventeenth-century. English treatises of the Fifth Monarchy men*. Disponível em: <http://www.ln.edu.hk/eng/staff/eoyang/icla/Jose Eduardo Reis.doc>. Acesso em: 2 maio 2007.

RICHTER, Hans. "Der Filmessay". In: BLÜMLINGER, Christa; WULFF, Constantin (orgs.). *Schreiben, Bilder, Sprechen: Texte zum essayistischen Film*. Viena: Sonderzahl, 1992, p. 195-198.

RIVETTE, Jacques. "Lettre sur Roberto Rossellini". In: NARBONI, Jean; ROSENBAUM, Jonathan (orgs.). *Rivette: texts and interviews*. Londres: British Film Institute, 1977 [1955], p. 54-64.

ROVAI, Mauro Luiz. "Time and memory: an oblique look at *Journey to the Beginning of the World* and *A Talking Picture*". In: FERREIRA, Carolin Overhoff (org.). *Dekalog: On Manoel de Oliveira*. Londres: Wallflower, 2008, p. 122-141.

SAID, Edward. *Culture and imperialism*. Londres: Vintage, 1993.

"SALAZAR eleito o 'maior português' de sempre". *Público*, 26 mar. 2007. Disponível em: <http://www.publico.pt/Media/salazar-eleito-o-maior-portugues-de-sempre-em-programa-da-rtp_1289390>. Acesso em: 15 ago. 2011.

SALLES, Michelle; CUNHA, Paulo. *Olhares: Manoel de Oliveira*. Rio de Janeiro: Uerj, 2010.

SANTOS, Boaventura Souza. "Entre Próspero e Caliban: colonialismo, pós-colonialismo e inter-identidade". In: RAMALHO, Maria Irene Ramalho; RIBEIRO, António Sousa (orgs.). *Entre ser e estar: raízes, percursos e discursos da identidade*. Porto; Afrontamento, 2001.

_____. *O estado e a sociedade em Portugal*. Porto: Afrontamento, 1998.

SANTURBANO, Andrea. "A Divina Tragédia ou o olhar 'tragirônico" sobre a condição humana". In: JUNQUEIRA, Renata (org.). *Manoel de Oliveira: uma presença – estudos de literatura e cinema*. São Paulo: Perspectiva, 2010, p. 202-216.

SARAIVA, António José. *História e utopia: estudos sobre Vieira*. Lisboa: Icalp, 1992.

SCHERER, Christina. *Ivens, Marker, Godard, Jarman: Erinnerung im Essayfilm*. Munique: Fink, 2001.

SOLANAS, Fernando; GETINO, Octavio. "Towards a third cinema". In: NICHOLS, Bill (org.). *Movies and methods*. Berkeley: University of California, 1976 [1969], vol. I, p. 44-64.

TORINO FILM FESTIVAL (org.). *Manoel de Oliveira*. Turim, 2000.

VASCONCELOS, António-Pedro. *Os subsídios do ICAM: Rui Moreira vs Augusto Seabra*. Disponível em: <http://cafepuroarabica.blogspot.com/2008/01/os-subsdios-do-icam-rui-moreira-vs.html>. Acesso em: 5 jun. 2009.

VÉRTICE (org.). *O cinema de Manoel de Oliveira*. Coimbra: Vértice, 1964.

VIEIRA, Antonio Rufino. *Princípio Esperança e a herança intacta do marxismo em Ernst Bloch*. Disponível em: <http://www.unicamp.br/cemarx/anais_v_ coloquio_arquivos/arquivos/comunicacoes/gtI/sessao6/Antonio_Rufino.pdf>. Acesso em: 1º out. 2008.

XAVIER, Ismail. "Teoria e história no estudo de cinema no Brasil: entrevista a Adilson Mendes". In: MENDES, Adilson (org.). *Ismail Xavier*. Rio de Janeiro: Azougue, 2009.

Agradecimentos

Qualquer trabalho acadêmico não é nunca um esforço solitário, mesmo que a escrita dele costume sê-lo. É o resultado das aulas para os nossos alunos, de debates depois da apresentação de comunicações em congressos, de conversas com colegas, da reflexão acerca de trabalhos de outros estudiosos, do desejo de pensar na mesma direção ou de levar o debate para outra. O presente trabalho não é exceção. Gostaria de agradecer a algumas pessoas e instituições que me ajudaram a desenvolvê-lo.

Em Portugal, onde trabalhei quase oito anos (2000-2007) com cinemas de língua portuguesa, fui acolhida pelo Prof. Dr. Paulo Filipe Monteiro, da Universidade Nova de Lisboa novamente em 2011 para aprofundar minhas ideias sobre a indisciplinaridade e para pesquisar na Cinemateca Portuguesa e em seu arquivo, o ANIM, e no ICA (Instituto de Cinema e Audiovisual). Agradeço ainda à Fapesp pelo auxílio à pesquisa concedido.

O Instituto Camões em Brasília, através de seu diretor Adriano Jordão, apoiou financeira e institucionalmente alguns eventos acadêmicos ou de extensão que me ofereceram a possibilidade de colocar as minhas ideias acerca do Novo Cinema e do cinema português contemporâneo à discussão. Estou muito grata pelo interesse em divulgar o cinema luso e pelo apoio cedido.

Há vários colegas portugueses com os quais compartilho a paixão pelo cinema português. Agradeço discussões, debates e leituras aos mestres Thiago Baptista, Paulo Cunha e Paulo Granja, ao meu doutorando, Daniel Ribas, à Profa. Dra. Ana Soares e ao Prof. Dr. Sérgio Branco. Através de um grupo de trabalho que organizei para um congresso em Viena em 2011 o círculo se estendeu, e gostaria de incluir agradecimentos às mestres Ana Barroso, Catarina Maia, Liliana Navarra e Manuela Krühler e à Profa. Dra. Anabela Dinis. Não devem faltar aqui os colegas brasileiros que trabalham pela causa do cinema de Portugal e aos quais devo excelentes oportunidades de trocas de ideias e de escrita de textos: Profa. Dra. Lúcia Nagib, Profa. Dra. Renata Junqueira, Prof. Dra. Aparecida de Fátima Bueno, Prof. Dr. Ismail Xavier, Prof. Dr. Paulo Motta Oliveira, Prof. Dr. Jorge Cruz, Prof. Dr. Leandro Mendonça, Prof. Dr. Mauro Luiz Rovai e Profa. Dra. Michelle Salles. Embora ela não trabalhe com o cinema português, agradeço também a Profa. Dra. Cecília Antakly de Mello, colega estimada do pós-doutorado.

Além da academia, gostaria de registrar o meu apreço ao apoio, ao amor e ao carinho das duas pessoas mais importantes da minha vida: do meu filho, Cauã, e do meu marido, Raimundo Luiz. Dedico este trabalho a Juan Enrique Rodríguez Mariño. Intelectual, caricaturista, pintor e poeta excepcional, faleceu inesperadamente no início de 2012. Deixou um vazio imensurável, do tamanho de sua humanidade. Estará sempre em meu coração.

Esta obra foi impressa em São Paulo no verão de 2014. No texto foi utilizada a fonte Vollkorn em corpo 10,5 e entrelinha de 15 pontos.